Für Justus

© Verlag Herder GmbH, Freiburg im Breisgau 2021
Alle Rechte vorbehalten
www.herder.de

Lektorat: Andreas Rode, München
Gesamtgestaltung: Sandra Hacke, Dachau
Druck: Těšínská Tiskárna a. s., Český Těšín
Printed in the Czech Republik

Gedruckt auf umwelfreundlichem, chlorfrei gebleichtem Papier

ISBN 978-3-451-71575-4

Christian Linker

Der kleine
Rebell

Legenden von Drachenkämpfern,
Kräuterhexen und anderen Heiligen

Mit Illustrationen
von Julia Dürr

HERDER

FREIBURG · BASEL · WIEN

Inhalt

Patrone
und Rebellinnen

„Expecto Patronum!"

Wer Harry Potter gelesen oder die Filme dazu gesehen hat, kennt diesen Zauberspruch. In allerhöchster Not kannst du damit einen magischen Beistand zu deiner Rettung rufen – natürlich nur, sofern du selbst über magische Kräfte verfügst.

Die Idee zu diesem Zauberspruch ist ein bisschen geklaut, denn der christliche Glaube kennt solche Patroninnen und Patrone schon seit langer Zeit. Es sind die heiligen Männer und Frauen – manchmal auch heilige Jugendliche – aus den zwei Jahrtausenden der Kirchengeschichte, die alle quasi eine eigene Zuständigkeit haben: für bestimmte Städte oder Länder, für bestimmte Berufe oder Gruppen von Menschen. Leider funktioniert das mit denen nicht genauso wie bei Harry Potter – sie erscheinen nicht auf Befehl, sondern ziehen es vor, im Hintergrund zu bleiben.

Trotzdem können sie wirken, nämlich indem sie uns mit ihrem Leben und ihren Taten inspirieren.

Auswahl dafür gibt es jedenfalls genug, denn die Kirche kennt mehrere Tausend Heilige. Nicht alle von ihnen waren ganz besonders fromme, sanftmütige Menschen, die schon als kleines Kind mit einem leuchtenden Lichtkranz um den Kopf herumgelaufen sind. Viele Heilige hatten ein ziemlich abwechslungsreiches Leben. Mal hatten sie große Abenteuer zu bestehen, mal gerieten sie auf Abwege.

Und sehr oft waren die Heiligen Menschen, die gegen etwas rebelliert haben – gegen Unrecht und Unfreiheit, gegen brutale Könige und menschenfeindliche Gesetze, gegen böse Drachen und manchmal gegen ihre eigenen Eltern.

Einige haben wir gebeten, dass sie dir und uns ein wenig von sich erzählen. Hier sind ihre Geschichten ...

Heilige Maria, Gottesmutter

„Gottesmutter" – hä? Wie soll denn Gott bitte eine Mutter haben? Das hab ich am Anfang auch nicht verstanden.

Damals hat natürlich niemand „Gottesmutter" zu mir gesagt und auch nicht Maria, sondern Mirijam, so klingt mein Name in meiner Muttersprache Aramäisch. Ich lebte als Mädchen in dem jüdischen Dorf Nazareth und hätte nie gedacht, dass ausgerechnet mir mal ein Engel erscheinen würde. Was er sagte, war absolut unfassbar: Gott will Mensch werden! Er will geboren werden, und zwar von ... mir!

Oh, Gott! Ich war ja noch ganz jung, hatte noch keinen Mann, bloß einen Freund, Josef, wir wollten heiraten – wie sollte ich ihm denn bitte das hier erklären?

Aber trotz all dieser Fragen spürte ich seltsamerweise ein tiefes Vertrauen. Gott hatte also offenbar einen Plan mit mir, auch wenn ich ihn nicht verstand. Ich habe Ja gesagt. Einfach so. Weil ich wusste: Alles wird gut, wenn ich geschehen lasse, was Gott will.

Irrtum.

Es wurde leider doch nicht alles gut – obwohl, nein, es wurde am Ende alles gut, aber es hat sich nicht immer gut angefühlt. Ganz ehrlich: Wenn du die Mutter von einem Kind bist, das einmal die Welt von ihren Sünden erlösen soll, passieren auch sehr verwirrende Dinge.

Josef merkte, dass ich schwanger war, und wollte mich verlassen. Aber dann wurde ihm klar, wie wichtig es ist, dass wir beide das Kind zu-

sammen aufziehen, und er blieb bei mir. Die Geburt war ein riesiges Abenteuer, du kennst sicher die Geschichte: Jesus ist in einem Stall zur Welt gekommen. Hirten kamen, um ihn anzubeten, und später sogar weise Leute aus dem Osten mit wertvollen Geschenken. Kurz nach der Geburt mussten wir Hals über Kopf aus dem Land fliehen, weil König Herodes mein Baby töten lassen wollte! Später einmal, als Jesus zwölf war, ist er verschwunden, während wir auf dem Rückweg von einer Reise nach Jerusalem waren. Wir haben eine Ewigkeit nach ihm gesucht, bis wir ihn endlich im Tempel fanden. Dort diskutierte er mit den Gelehrten! Der Junge hat uns echt ganz schön in Atem gehalten.

Das Allerschlimmste aber, wie du dir bestimmt denken kannst, war der Tod meines Sohnes. Einer seiner Freunde hat ihn verraten, und der römische Statthalter Pilatus hat Jesus am Kreuz ermorden lassen. Ich habe alles mit angesehen – es war so grässlich. Erst als er am dritten Tag danach von den Toten auferstanden ist, begann ich zu begreifen, dass alles Sinn ergibt.

Manchmal überlege ich: Wenn ich noch mal das junge Mädchen Mirjam wäre, damals in Nazareth, und wenn ich wüsste, was alles passieren soll – und der Engel käme noch einmal, um mich zu fragen ... ich würde wieder Ja sagen. Auch, wenn das verrückt klingt. Aber noch verrückter ist ja eine Sache, die man schnell vergisst: Gott hat gefragt. Gefragt! Er hat nichts befohlen oder einfach irgendwas gemacht, er hat vorher gefragt. Ich hätte auch Nein sagen können.

Hab ich aber nicht.

Ach, wo ich vorhin die Weisen aus dem Morgenland erwähnte ...

Keine Heilige und kein Heiliger ist so beliebt wie Maria. Als Mutter Jesu wurde Maria früher häufig auch „Muttergottes" genannt. Oder „Madonna". Das heißt auf Deutsch: „meine Herrin". Dieser Name ist so bekannt, dass sich sogar eine berühmte Popsängerin „Madonna" nennt. Viele Künstler stellten Maria als „Schutzmantelmadonna" dar: Maria hat dann einen langen, weiten Mantel, unter dem alle Menschen – Reiche und Arme, Erwachsene und Kinder, Junge und Alte – Schutz finden können.

Die Heiligen
Drei Könige

Hallo, wir sind die Weisen aus dem Morgenland. Über uns gibt es viele Legenden und spannende Geschichten. Und weil die alle so schön sind und alle ihre Berechtigung haben, wollen wir dir hier gar nicht so viel über uns verraten. Zum Beispiel verraten wir nicht, wie viele wir eigentlich in Wirklichkeit sind.

Ha, denkst du jetzt, witzig, da steht es doch: drei Könige!

Aber wenn du in die Bibel schaust, steht da nichts von dreien. Und von Königen schon gar nicht. Da heißt es nur, dass einige „Magier" aus dem Osten kamen, um den neugeborenen König zu sehen. Wobei in der damaligen Sprache „Magier" auch „Sterndeuter" heißen kann. Genau das haben wir nämlich gemacht – also die Sterne gedeutet. Wir haben am Himmel einen ganz besonderen neuen Stern entdeckt, und sofort war uns klar, dass etwas Großes, Gewaltiges vor sich ging. Irgendwo hinter dem Horizont ist ein neuer König geboren worden, mächtiger und prächtiger als alle jemals vor ihm. Den müssen wir sehen, haben wir uns gedacht und ein paar tolle Geschenke eingepackt, also Gold und Myrrhe und Weihrauch. Das waren so ziemlich die wertvollsten Sachen, die wir einpacken konnten, so was schenkt man nur den edelsten Herrschern.

Wir sind also dem Stern gefolgt und kamen ins Land des Königs Herodes. Den haben wir auch gleich gefragt, wo der neue König geboren worden ist. Wir dachten, Herodes müsste das doch wissen, so von König zu König sozusagen. Doch Herodes hatte keine Ahnung. Und als wir endlich das

Kind fanden, wurde uns auch klar, warum: Der neugeborene König lag nicht im Himmelbett eines großen Palastes, sondern in einem kleinen Stall im Stroh.

Als wir das Kind fanden, haben wir uns vor ihm hingekniet und haben es angebetet. Das sah bestimmt komisch aus, wie wir in unseren teuren Gewändern mit unseren teuren Geschenken vor einem bettelarmen kleinen Baby knien, als wäre es der Allergrößte.

Und in dem Augenblick haben wir was Wichtiges verstanden. Dieses Baby war nämlich wirklich der Allergrößte – und zwar so, wie Gott sich echte Größe vorstellt. Die hat nichts mit Macht und Gewalt zu tun oder mit Reichtum und Herumkommandieren. Die Größe Gottes ist die Liebe, wie sie sich in einem kleinen Kind zeigt. Denn eigentlich sollte jedes Kind, das auf dieser Welt geboren wird, wie ein König oder eine Königin begrüßt werden.

Leider ist das aber nicht so. Viele Kinder werden schlecht behandelt, sie müssen in Armut aufwachsen und sogar schon arbeiten gehen, anstatt in die Schule zu dürfen. Damit sich das ändert, gibt es einen Brauch, den du vielleicht auch schon kennst. Am Anfang jedes Jahres verkleiden sich Kinder als Könige und ziehen mit einem großen Stern durch die Straßen der Dörfer und Städte. Sie tragen selbst gebastelte Kronen auf den Köpfen und rasseln mit einer Dose, denn darin sammeln sie Geld, um anderen Kindern in allen Teilen der Erde zu helfen. Weil alle Kinder auf der Erde Königskinder sind, die Gott liebt. Und die Kinder segnen mit einem Spruch die Häuser und Wohnungen der Menschen. Denn segnen, das können nicht nur Priester in der Kirche – das können alle, die Gutes tun.

Apropos: alle Teile der Welt ...

Die Legende hat den Heiligen Drei Königen Namen gegeben: Caspar, Melchior und Balthasar. Weil sie einen langen Weg zurücklegen mussten, um zur Krippe zu gelangen, gelten die drei bis heute als die Patrone der Reisenden und Pilger. Viele alte Hotels und Gasthäuser tragen zur Erinnerung an sie Namen wie „Zur Krone" oder „Zum Stern". Manche heißen auch „Zum Mohren", denn einer der Könige – Caspar – soll der Legende zufolge eine dunkle Hautfarbe gehabt haben.

Heilige
Josefine Bakhita

Ich heiße Josefine, aber eigentlich ist das gar nicht mein richtiger Name, ich habe ihn mir erst später ausgesucht. Wie meine Eltern mich genannt haben, das habe ich vergessen. Klingt verrückt, ich weiß. Es ist so, dass mir als Kind sehr schlimme Sachen passiert sind – vielleicht habe ich meinen Namen vergessen, weil ich einfach all das Schlimme vergessen wollte. Leider kann ich aber nicht alles vergessen. Vor allem nicht, wie ich als Kind aus meinem Dorf entführt worden bin. Das haben Sklavenjäger getan.

Vielleicht weißt du, was das ist, eine Skla-  vin oder ein Sklave? Es sind Menschen, die von anderen zum Arbeiten gezwungen werden – man tut sogar so, als würden diese Menschen ihren Herrinnen und Herren gehören. Als Besitz. So wie dir vielleicht ein Teddybär gehört oder eine Actionfigur. Die Sklavenjäger haben mich geraubt und auf einem Markt verkauft, als wäre ich einfach eine Sache. Das ist jetzt fast 150 Jahre her, damals galt es in einigen Ländern noch als normal, dass manche Menschen andere Menschen kaufen können, vor allem Menschen wie mich – Menschen mit schwarzer Haut. Sie meinten, wenn du schwarze Haut hast, dann hättest du weniger Würde als Leute mit weißer Haut.

Mein erster „Besitzer" hat mich weiterverkauft, und der Käufer hat mich auch wieder weiterverkauft ... als ich 16 war, hatte ich schon vier verschiedenen Leuten gehört. Der Letzte, der mich gekauft hat, war ein Italiener. Und in Italien, wie eigentlich überall in Europa, war auch damals schon die Sklaverei verboten. Deshalb hat ein Gericht entschieden, dass ich frei sein durfte.

Ich bin dann in Italien geblieben, da habe ich eine Weile als Kindermädchen gearbeitet. Und außerdem habe ich mich taufen lassen, denn ich hatte inzwischen die Geschichten über Jesus gehört und war davon ganz fasziniert. Als Kind und als Jugendliche habe ich so viel Böses erlebt, dass mein Herz eigentlich für immer voller Hass sein müsste. Aber auch Jesus hat viel Böses erlebt, und trotzdem hat er die Menschen einfach immer mehr geliebt. Vielleicht kann nur die Liebe einen Menschen wirklich frei machen. Ich meine: Wenn du voller Hass bist und dich nach Rache sehnst, dann ist deine Seele ja auch irgendwie gefangen. Aber ich habe die Freiheit gefunden, und zwar nicht nur äußerlich, indem ich endlich nur noch mir selber gehörte und nicht mehr irgendwelchen Leuten, sondern auch innerlich, weil ich versucht habe, die Menschen zu lieben. Ich bin dann später Nonne geworden und habe noch viele Jahre im Kloster gelebt.

Heute ist es – Gott sei Dank – auf der ganzen Welt streng verboten, Menschen zu entführen und zu verkaufen. Jedenfalls offiziell. Aber in manchen Ländern passiert es trotzdem. Vor allem Kinder leiden sehr darunter. Papst Franziskus findet, dass wir alle dagegen kämpfen müssen, also gegen Sklaverei und Menschenhandel. Und er hat mich zur Schutzpatronin gemacht für alle versklavten Menschen – und auch für ihre Befreierinnen und Befreier. Gott will nämlich, dass alle Menschen frei sind. Solange noch irgendwo auf der Welt jemand in Ketten liegt, können wir nicht ruhen.

Apropos: harte Kindheit ...

Auch heute noch werden viele Menschen wie rechtlose Sklaven behandelt. Manche müssen sogar Fesseln tragen. Es gibt viele Menschenrechtsorganisationen – „Terre des Hommes" zum Beispiel oder „Amnesty International". Auch die kirchliche Hilfsorganisation „Misereor" gehört dazu. All diese Organisationen sind darauf angewiesen, dass wir sie mit unserer Mithilfe oder mit Geldspenden bei ihrer Arbeit unterstützen.

Heilige
Bernadette Soubirous

Irgendwo im hintersten Winkel von Frankreich liegt am Fuße der Berge das Städtchen Lourdes, und niemand hätte je erwartet, dass dort mal irgendwas Aufregendes passiert oder gar etwas Heiliges! Also ich jedenfalls nicht. Im Gegenteil war meine Kindheit dort sehr arm und schäbig. Ich wurde im Jahr 1844 geboren. Mein Vater hatte eine Mühle, mit der wir unser Geld verdienten, aber das lief schlecht und immer schlechter. Ich musste zwischendurch bei einer Pflegefamilie leben, weil meine Eltern sich nicht um mich kümmern konnten, ich hatte viele Krankheiten und vor allem Hunger, weil es oft nicht genug zu essen gab. Zur Schule gegangen bin ich schon mal gar nicht, ich konnte weder lesen noch schreiben, stattdessen musste ich in einer Kneipe arbeiten oder Schafe hüten. Oder Feuerholz sammeln, weil es damals ja keine elektrische Heizung gab.

Und da passierte es zum allerersten Mal. Ich war 14 und sammelte Holz in der Nähe einer Grotte, als ich sie plötzlich sah – die schöne weiße Dame! Niemand außer mir konnte sie sehen. Und natürlich glaubte mir am Anfang niemand, alle dachten, ich würde spinnen, würde mir das alles nur einbilden. Oder ich hätte mir das einfach selbst ausgedacht, damit ich mal was habe, womit ich angeben kann.

Ich habe die Dame noch ein paar Mal gesehen, über einige Monate hinweg, dann hörte es auf. Eigentlich habe ich gar nicht so vielen Leuten davon erzählt, aber trotzdem verbreitete sich die Geschichte bald im ganzen Land, und immer mehr Menschen waren davon überzeugt, dass mir Maria, die Muttergottes, erschienen war. Sie wollten selbst die Grotte besuchen, wo ich die Dame gesehen habe, und einige Kranke wurden genau an diesem Ort auf unerklärliche Weise von ihren Leiden geheilt. Ich musste immer wieder von meinen Erlebnissen erzählen – dem Pfarrer und dem Bischof und den Leuten von der Zeitung –, und es kamen immer mehr Menschen zur Grotte, Hunderte, Tausende, es wurde echt unheimlich. Darum bin ich schließlich weggegangen, in eine andere Stadt, nach Nevers. Dort bin ich Ordensschwester geworden und habe mich um kranke Kinder gekümmert. So, wie ich mir vielleicht selbst als Kind gewünscht hätte, dass sich jemand um mich kümmert.

Bei mir zu Hause in Lourdes entstand ein richtiger Wallfahrtsort, so nennt man das, wenn die Gläubigen von überall her kommen und beten. Und vielleicht auf ein Wunder hoffen.

Tatsächlich passieren immer wieder richtige Wunder. Oder wie immer du das nennen willst, wenn jemand schwer krank war und dann plötzlich

gesund ist, ohne dass eine Ärztin oder ein Arzt erklären kann, wie das jetzt eigentlich passiert ist. Das allergrößte Wunder ist aber immer noch die Hoffnung selbst, finde ich. Hoffnung heißt, dass du dich nicht damit abfindest, wie die Welt ist. Dass du nicht denkst: Es ist halt, wie es ist, da kann man nix machen.

Es spielt auch keine Rolle, ob ich wirklich Maria gesehen habe, damals in der Grotte. Wichtig ist doch vor allem, dass wir Menschen überall im Leben die Augen für das Unerwartete offen halten. Und niemals die Hoffnung aufgeben. Darum sehen die Menschen mich als Patronin der Armen und nicht zuletzt als Patronin all derer, die für ihren Glauben ausgelacht werden.

Apropos: unerwartet ...

Dass Maria ausgerechnet einem armen Bauernmädchen erschien, zeigt, dass Gott Interesse an allen Menschen hat, nicht nur an den Reichen und Mächtigen. Und dass Bernadette die Erscheinung gerade beim Holzsammeln sah, erinnert daran, dass Gott uns nicht nur im Gottesdienst oder in besonders feierlichen Situationen begegnen will, sondern in unserem ganz normalen Alltag: durch andere Menschen, durch besondere Ereignisse, in der Natur, in der Schule oder bei der Arbeit.

Heilige
Kateri Tekakwitha

Ja, so heiße ich. Kateri Tekakwitha. Das ist für dich vielleicht nicht so ganz leicht auszusprechen, es ist ein Indianername. Ich bin nämlich eine echte Indianerin, mein Vater war ein Häuptling vom Stamm der Mohawk. Die Gegend, in der ich aufgewachsen bin, gehört heute zu Kanada. Damals gab es aber noch kein Land namens Kanada, nur Wälder und Berge und Seen und ein paar Leute mit heller Haut, die von der anderen Seite des Ozeans gekommen waren. Sie nannten sich Europäer. Manche von ihnen waren Soldaten, die uns die Wälder und Berge und Seen stehlen wollten, aber es kamen auch andere Menschen, die einfach mit uns zusammenlebten. Sie erzählten von ihrem Gott, der einen Sohn namens Jesus hatte.

Auch meine Mutter hatte schon an diesen Jesus geglaubt, mein Vater aber nicht, er hatte die alten Götter und Geister verehrt. Meine Mutter war auch keine Mohawk gewesen, sie hatte zum Stamm der Algonkin gehört. Und so war ich schon als Kind immer ein bisschen hin- und hergerissen zwischen den verschiedenen Religionen und Kulturen meiner Familie.

Leider sind meine Eltern gestorben, als ich noch sehr jung war, denn die Pocken sind über unseren Stamm gekommen, eine fiese Krankheit, gegen die es damals noch keinen Impfstoff gab. Ich selber hatte auch die Pocken bekommen, aber ich habe sie überlebt und bin zu meinem Onkel gezogen.

Wir hatten in dieser Zeit oft Krieg mit den Europäern. Unsere Leute haben sich gewehrt, so gut sie konnten, aber irgendwann mussten wir aufgeben und uns unterwerfen. Die Europäer wollten, dass wir jetzt auch alle an Jesus glauben. Das war für mich echt schwierig – ich meine: Ich fand Jesus sofort gut, die Geschichten über ihn haben mein Herz berührt, und ich wollte gern eine Christin sein – aber freiwillig und nicht aus Zwang, nur weil die Europäer uns beherrschten.

Meine Familie war sowieso total dagegen, dass ich mich taufen lasse. Sie wollten, dass ich heirate und ein ganz normales Leben als Indianerin führe. Aber ich habe darauf bestanden, meinen eigenen Weg zu gehen und mit meinen Freundinnen zusammenzuleben statt mit irgendeinem Mann. Es gab ja Jesus, der reichte mir schon. Und ich dachte: Das muss doch möglich sein, dass ich beides gleichzeitig bin: Indianerin und Christin. Die Leute dachten nämlich, man müsste sich entscheiden und nach der Taufe alle alten Sitten und Gebräuche der Indianer aufgeben. Aber das habe ich nicht gemacht. Ich bin Christin geworden und trotzdem

weiterhin mit den anderen auf der Jagd durch die Wälder gezogen. Es ist nämlich so, dass Gott alle Menschen geschaffen hat, egal wie sie aussehen und ob sie einen Hut tragen oder Federschmuck oder ein Kopftuch. Du kannst zu Jesus stehen und zu dem, wie du bist. Wenn es nicht dein Ding ist, im Sonntagskleid oder in deiner besten Hose zur Kirche zu gehen, dann geh halt in der alten Jeans. Oder mit Federn auf dem Kopf.

Wo wir gerade vom Verkleiden sprechen …

Früher dachten viele Europäer, dass jeder, der Christ werden wollte, sich immer genau so verhalten und kleiden müsste wie ein Europäer. Es hat lange gedauert, bis man verstand, dass auch die Bräuche der Menschen aus anderen Erdteilen einen Wert haben: die der Indianer in Amerika, die der Maori in Neuseeland, die der Herero in Afrika … Noch heute fällt es vielen schwer, sich vorzustellen, dass man Christ sein und dennoch viele Traditionen seines eigenen Volkes weiterpflegen kann.

Heiliger Georg

Na, wer möchte nicht mal gern ein strahlender Ritter ohne Furcht und Tadel sein, der hoch zu Ross mutig seine Lanze führt? So einer wie ich, ein echter Held, der einen bösen Drachen besiegt und eine Prinzessin gerettet hat?

Also gut, wenn ich ganz ehrlich sein soll – zu meiner Zeit gab es eigentlich noch gar keine Ritter, denn das war lange, lange vor dem Mittelalter. Und ob es jemals wirklich Drachen gegeben haben mag ...

Doch das spielt hier gar keine Rolle. Denn auch wenn dir vermutlich noch niemals persönlich ein Feuer speiendes Untier mit gewaltigen Flügeln über den Weg gelaufen ist, hast du sicher trotzdem schon mal eine ähnliche Begegnung gehabt: Du kennst das Gefühl, plötzlich große Angst zu haben. Du kennst Momente, wo eine himmelschreiende Ungerechtigkeit dich richtig wütend macht. Du weißt, wie es ist, wenn sich dir ein schier unüberwindliches Problem in den Weg stellt. Das haben alle Menschen schon einmal erlebt.

Darum erzählen sich die Menschen auf allen Erdteilen seit Jahrtausenden schauerliche Geschichten über monsterhafte böse Drachen. Drachen gelten als Symbol für finstere Mächte. Mit ihren gewaltigen Schwingen beflügeln sie im wahrsten Sinne des Wortes unsere Fantasie. Genauso wie wir Ritter. In den alten Geschichten retten wir nicht nur Prinzessinnen, wir beschützen auch die Witwen und Waisen, besiegen das Böse und gebrauchen unser Schwert immer nur, um der Gerechtigkeit zum Sieg zu verhelfen. Klingt jedenfalls gut. Die Wahrheit sah wohl anders aus. Ritter waren eben auch Soldaten, und Soldaten kämpfen in Kriegen, und Kriege haben niemals etwas Strahlendes oder Heldenhaftes, sie bringen bloß Leid über die Menschen. Trotzdem ist es schön, sich Legenden zu erzählen. Ich glaube, die Legenden handeln weniger davon, wie es früher wirklich gewesen ist. Sie erzählen nicht viel über Leute wie mich. Sondern sie erzählen etwas über Leute wie dich. Nämlich darüber, wie du selbst vielleicht gerne sein möchtest und wie du dich in deinen Träumen siehst. Wenn du dich verkleidest, kannst du in der Fantasie jemand anderes sein, zum Beispiel ein Ritter oder eine Ritterin. Oder auch ein böser Drache, wenn du möchtest, denn wir Menschen haben immer beide Seiten in uns, das Gute und das Böse. Darum findet der Drachenkampf manchmal auch in unserem Inneren statt. Da hilft es, wenn du gute Freundinnen und Freunde hast, die dir im Kampf beistehen. Vielleicht ist das der Grund, warum die katholischen Pfad–

finderinnen und Pfadfinder sich nach mir benannt haben. Denn auch sie legen sich heute noch mit Drachen an. Die modernen Drachen heißen Umweltzerstörung oder Egoismus oder Hass auf bestimmte Menschengruppen. Gemeinsam können wir Mut finden und uns diesen Drachen stellen. Nicht nur bei den Pfadfinderinnen und Pfadfindern übrigens, sondern überall da, wo wir Menschen gegen Ungerechtigkeit aufstehen und zu den Schwächsten halten.

Und wo wir gerade von Rittern sprechen ...

Weil der heilige Georg in der Legende als mutiger und edler Drachentöter in strahlender Ritterrüstung auftritt, waren es oft die Adligen und Könige, die in ihm ihr Vorbild sahen. So kommt es, dass Georg als Nationalpatron vieler Länder gilt. Er ist zum Beispiel der Schutzpatron Englands. Ein Land ist sogar nach ihm benannt: Georgien in Südosteuropa. Und dann ist Georg auch der Patron der St.-Georgs-Pfadfinder. Das passt ganz gut: Denn die Pfadfinder gehen oft gemeinsam auf große Fahrt, um Abenteuer zu erleben. Und vor allem haben sie sich eins vorgenommen: Jeden Tag mindestens eine gute Tat zu vollbringen. Wenn man das ernst nimmt, kann man sicher manchen Drachen töten – im übertragenen Sinne natürlich.

Heilige
Johanna von Orléans

Hallo, ich bin Johanna. Oder eigentlich Jeanne, so klingt mein Name auf Französisch, denn ich stamme aus Domrémy in Frankreich. Und dass es dieses Land überhaupt gibt, also Frankreich, das hat auch ein bisschen was mit mir zu tun.

Vor vielen Hundert Jahren, zur Zeit der Ritter, wurden nämlich große Teile Frankreichs von den Engländern beherrscht. Der König von England meinte, dass er eigentlich gleichzeitig auch König von Frankreich sein müsste. Und einen eigenen König hatten wir damals gar nicht, bloß einen Prinzen, der hieß Karl. Karl hätte selbst König von Frankreich werden sollen, aber das ging nicht, weil die Engländer dabei waren, das Land zu erobern. Sie herrschten in der Hauptstadt Paris und versuchten gerade, die wichtige Stadt Orléans anzugreifen. Karl hatte kein Geld mehr – und auch nicht viele Freunde. Die meisten unserer eigenen Ritter haben nicht richtig zu ihm gehalten, und es sah echt finster für ihn und für Frankreich aus.

Ich habe eigentlich von all diesen Dingen erst mal nicht viel mitgekriegt, denn ich war einfach nur ein Bauernmädchen. Und im Mittelalter war klar, dass Bauern nichts mit der Politik zu tun hatten – und Mädchen erst recht nicht. Doch als ich dreizehn Jahre alt war, hatte ich zum ersten Mal das Gefühl, dass ich was tun müsste, um diesen schrecklichen Krieg zu beenden. Das Gefühl wurde immer stärker – ich war mir absolut sicher, dass Gott von mir wollte, dass ich Frankreich rette. Als ich siebzehn war, bin ich einfach losgezogen, weg von zu Hause und nach Chinon, wo der Prinz lebte. Irgendwie habe ich es geschafft, ihn davon zu überzeugen, dass Gott mich schickt. Und kurz darauf war ich wirklich eine Ritterin mit Schwert und Rüstung, ein Mädchen mit kurzen Haaren und in Jungenkleidung – damals eigentlich total undenkbar. Aber ich habe eben gespürt, dass es richtig ist. Ich fühlte mich stark und mutig, und das ist auf die anderen Ritter übergesprungen. Ich war bloß eine Teeanagerin, aber plötzlich war ich die Anführerin von Frankreichs Armee, und dann haben wir es tatsächlich geschafft, die Stadt Orléans zu befreien.

Solche Geschichten handeln ja meistens davon, dass der tapfere Ritter kommt, um die junge Prinzessin zu retten. Hier war es umgekehrt. Ich war die tapfere Ritterin, die den Prinzen rettete.

Der König von England hasste mich dafür. Und als wir weiterkämpften, wurde ich bei einer Schlacht plötzlich von den Engländern gefangen genommen und zum Tode verurteilt. Sie behaupteten, dass ich eine Hexe wäre.

Damals haben die Leute wirklich geglaubt, dass es Hexen gibt. Vor allem Männer haben das geglaubt. Sie dachten nämlich, dass Mädchen und Frauen normalerweise nicht stark und mutig und klug sein dürften – und wenn doch, dann müsste der Teufel dahinterstecken. Leider hat Karl mich nicht vor den Engländern gerettet. Trotzdem bin ich später heiliggesprochen worden. Das soll auch heute noch daran erinnern, dass mutige Mädchen die Kraft haben, die Welt zu verändern.

Übrigens gibt es noch mehr interessante Leute, die Karl heißen ...

500 Jahre nach Johannas Tod – im Jahr 1930 – hat der Dichter Bertolt Brecht ein Theaterstück geschrieben, in dem er Johanna in seine Gegenwart versetzt. „Die heilige Johanna der Schlachthöfe" hat er das Stück genannt. Darin geht es um die Ausbeutung und Erpressung armer Arbeiter durch einen reichen Firmenchef. Johanna setzt sich dabei an die Spitze der Arbeiter, die sich gegen ihren egoistischen Chef zur Wehr setzen.

Heiliger Karl Lwanga und Gefährten

„So", sagte der König. „Alle, die das mit dem Beten künftig bleiben lassen, stellen sich neben mich. Und die, die unbedingt weiterbeten wollen, gehen rüber an die Wand ..."

Das klang wie ein Todesurteil. Und es war auch eines.

Ich bin übrigens Karl. Ich komme aus Uganda, das ist ein Land in Afrika. Meine Freunde und ich lebten vor langer Zeit am Hof des Königs. Wir waren Pagen, so nannte man Jungs, die beim König als Diener arbeiteten. Und ich war sogar der Anführer der Pagen.

Damals kamen Leute aus einem anderen Land zu uns nach Uganda und erzählten die Geschichten von Jesus. Meine Freunde und ich konnten gar nicht genug von diesen Geschichten hören. Es fühlte sich an, als würde Jesus selbst zu uns sprechen und uns rufen, ihm nachzufolgen.

So ließen wir uns taufen und wurden Christen. Und nicht nur wir, auch unser König Mutes fand Jesus gut und unterstützte alle Leute, die den Glauben weiterverbreiteten. Doch dann starb Mutes, und sein Sohn Mwanga wurde neuer König. Mwangas Ratgeber und Beamten meinten, der Glaube an Jesus wäre nicht gut für unser Land, denn das sei eine fremde Religion, und die Leute, die von Jesus erzählten, seien bestimmt Spione für ausländische Mächte.

Das stimmte natürlich nicht – und es war nicht die einzige Lüge. Eines Tages bekamen meine Freunde und ich heraus, dass der oberste Minister eine Verschwörung plante: Er wollte Mwanga vom Thron stürzen und selbst König werden. Wie Detektive haben wir die Verschwörung aufgedeckt, und der Minister musste sogar ins Gefängnis. Jedenfalls erst mal. Aber der König ließ ihn dann doch frei, weil der Minister behauptete, dass nicht er, sondern meine Freunde und ich etwas gegen Mwanga planen würden. Was meinst du, wem der König mehr glaubte? Seinem höchsten Minister oder ein paar Jungs? Leider seinem Minister. Er ließ sich sogar davon überzeugen, dass unser Glaube schlecht sei. Darum verbot er uns, weiterhin zu Jesus zu beten.

Klar, Befehl ist Befehl, und was der König sagt, musst du tun. Erst recht, wenn du der Anführer der königlichen Pagen bist. Aber Jesus ist doch auch unser König. Und mir wurde klar, dass Jesus mir wichtiger ist als alle Könige der Erde. Ich wollte nicht mit dem Beten aufhören. Ich konnte einfach nicht.

Da ließ König Mwanga uns alle zusammenrufen. Wer nie mehr beten würde, sollte sich neben ihn stellen. Und die, die trotzdem weiter zu Jesus beten wollten, sollten sich an die Wand stellen.

Ich ging, ohne zu zögern, zu der Wand. Natürlich hatte ich riesengroße Angst, denn ich wusste, dass alle, die sich an die Wand stellten, getötet werden sollten. Aber ich war ja nicht allein. Jesus war

bei mir. Und meine Freunde. Einer nach dem anderen stellte sich neben mich. Wir waren sechzehn Jungs, die sich weigerten, dem König zu gehorchen.

Wir starben an einem 3. Juni – das ist heute unser Gedenktag. Und weil mutige Kinder immer wieder Vorbilder brauchen, gelten meine Freunde und ich als Schutzpatrone der Jugend Afrikas.

Im richtigen Moment zu Jesus zu stehen – es ist wirklich nicht immer einfach ...

Dass Menschen andere Menschen töten, weil sie anderer Meinung sind oder an etwas anderes glauben, ist immer schrecklich. Jemanden zu verbrennen, ist aber besonders grausam. Oft ging es dabei nicht nur darum, dem Verurteilten körperliche Qualen zuzufügen. Man meinte, so könnte man auch die Persönlichkeit und die Seele eines Menschen endgültig vernichten.

Heilige
Petrus und Paulus

„Hey, sag mal, Paulus!"

„Was denn, Petrus?"

„Warum haben wir eigentlich beide zusammen einen Gedenktag, Paulus? Findest du nicht, dass wir beide total krass verschieden sind?"

„Aber so was von, Petrus. Wir waren ja sogar Feinde. Wie kam das noch mal?"

„Also ich bin früher ein Fischer gewesen. Da nannten mich alle noch Simon. Mein Bruder Andreas und ich wollten gerade am Seeufer die Netze auswerfen, um ein paar Fische zu fangen, als plötzlich ein Mann vor uns stand. Jesus von Nazareth. Wir haben die Netze einfach liegen lassen und sind ihm gefolgt, quer durch das Land, haben seine Wunder miterlebt und haben mit ihm das letzte Abendmahl geteilt. Und als

unser Freund Judas ihn verraten hat, war ich sicher, dass ich immer zu Jesus stehen werde, ganz egal, was die Leute sagen."

„Aber dann hast du ihn verleugnet, nicht wahr, Petrus?"

„Ja, ich ... also in der Nacht, in der sie ihn verhaftet hatten, da wurde ich dreimal von verschiedenen Leuten erkannt. Sie wussten, dass ich ein Freund von Jesus war. Aber ich hatte solche Angst davor, auch verhaftet zu werden, dass ich behauptet habe, ich würde Jesus gar nicht kennen. Leider muss ich zugeben, dass ich schon vorher öfter mal eine große Klappe hatte und dann doch Schiss gekriegt habe. Zum Beispiel, als Jesus einmal über das Wasser gegangen ist: Da wollte ich das unbedingt auch können, aber mein Vertrauen war zu klein und ich wäre fast ertrunken, hätte Jesus mich nicht gerettet. Trotz alledem hat Jesus ausgerechnet mich ausgesucht, um später einmal unsere Gemeinschaft zu leiten. Ich soll der Felsen sein, hat er zu mir gesagt, auf dem er seine Kirche baut. Damit meinte er nicht das Gebäude, sondern die Leute, die Gemeinschaft. Felsen heißt in der Sprache der Bibel: Petrus. Und eines Tages bist du dann aufgetaucht, Paulus."

„Ja, und das war erst recht nicht heldenhaft. Ich habe Jesus nicht persönlich erlebt. Hab nur mitgekriegt, wie ihr nach seinem Tod überall rumerzählt habt, dass Jesus angeblich von den Toten auferstanden ist. Das fand ich schlecht, weil ich dachte, ihr würdet mit diesen Geschichten den Glauben an Gott zerstören. Darum habe ich euch bekämpft und viele von deinen Freundinnen und Freunden in den Knast gebracht. Damals hieß ich übrigens noch Saulus. Bis mir eines Tages Jesus selbst erschien und mir klar wurde, dass Jesus wirklich lebt und der Sohn Gottes ist. Ich nannte mich von da an Paulus und reiste durch die halbe Welt, um die Geschichte von Jesus weiterzuerzählen. Dadurch haben sich viele neue

Gemeinden gebildet. Und manchmal gab es dann Streit zwischen diesen neuen Gemeinden und der Gemeinde in Jerusalem, also mit dir, Petrus."

„Ja, das war ein harter Fight. Aber heute denke ich, dass es für die Kirche wichtig war, dass wir unseren Streit ausgetragen haben. Denn so konnten wir die Probleme klären und die Gemeinschaft weiterbringen."

„Stimmt. Unsere Nachfolger, die Bischöfe, tun heute manchmal so, als wäre Streit in der Kirche was ganz Schlechtes. Dabei brauchen wir Diskussionen und verschiedene Meinungen, weil ansonsten nichts Neues mehr passieren würde."

Apropos: Verschiedene Meinungen ...

Schon seit vielen Jahrhunderten wird **Petrus** auf Bildern mit einem Schlüssel dargestellt. In der Bibel, im Matthäusevangelium, wird nämlich erzählt, dass Jesus zu Petrus sagt: „Ich werde dir die Schlüssel des Himmelreiches geben" (Mt 16,19). Das ist natürlich nicht wörtlich gemeint. Trotzdem erzählten sich die Menschen immer wieder Geschichten, in denen Petrus mit einem großen Himmelsschlüssel als eine Art Pförtner am Himmelstor steht. Damals glaubte man zum Beispiel auch, dass sich das Wasser in großen Seen am Himmel sammelte und dass die Schleusen dieser Seen geöffnet werden müssten, damit es regnet. In manchen Erzählungen heißt es darum, dass Petrus mit seinem großen Schlüssel die „Schleusen des Himmels" öffnet. So kommt es, dass man heute noch scherzhaft sagt, dass Petrus das Wetter macht.

Paulus hat viele Reisen unternommen, um den Menschen von Jesus zu erzählen und neue Gemeinden zu gründen. Diesen hat er oft lange Briefe geschrieben. Darin ermahnt er, wenn etwas seiner Ansicht nach falsch gelaufen ist, und ermutigt, wenn etwas gut war. Manchmal sind die Gedanken, die Paulus in seinen Briefen formuliert, ganz schön kompliziert. Paulus war nämlich ein sehr kluger Mann. Darum wird er in Bildern auch oft mit einem Buch oder einer Schriftrolle gezeigt.

Heiliger
Thomas Morus

„Nie hätte ich daran gedacht, einer Sache zuzustimmen, die gegen mein Gewissen wäre." Diesen Satz von mir zitieren die Leute noch heute gern. Klingt auch gut, obwohl er mich den Kopf gekostet hat.

Ich habe vor langer Zeit in London am Hof des englischen Königs gelebt. Als Lordkanzler kümmerte ich mich im Auftrag von König Heinrich um alle Anwälte und Richter im Land und war selbst so etwas wie der höchste Richter – also nach dem König wohlgemerkt, der natürlich noch über mir stand. Damals gab es noch keine Demokratie bei uns, wo alle mitentscheiden dürfen, sondern der König konnte alles allein bestimmen.

Oder, na ja, so ganz alleine doch nicht, denn da gab es noch den Papst in Rom. Und mit dem Papst bekam König Heinrich eines Tages großen Streit. Denn der König wollte eine andere Frau heiraten, obwohl er schon verheiratet war, und nach den Vorschriften der Kirche geht das nicht. Da kam Heinrich auf die Idee, einfach seine eigene Kirche zu gründen. So wäre dann nicht mehr der Papst der Chef, sondern er selber, König Heinrich.

Das fand ich nicht in Ordnung, und darum sagte ich dem König, dass ich nicht länger für ihn arbeiten könne. Ich wollte nicht mehr Lordkanzler sein. Eigentlich hatte ich eh genug zu tun, denn neben der Arbeit für den König habe ich sehr gern Bücher geschrieben. Eines meiner Bücher heißt „Utopia" und handelt von einer Insel, auf der alle Menschen in

Freiheit und Frieden und Freundschaft miteinander leben, wo alle fair behandelt werden und es keine Ungerechtigkeit gibt. Leider existiert diese Insel nicht in Wirklichkeit, ich hab sie mir bloß ausgedacht. Es ist die Insel meiner Träume, denn die Suche nach Gerechtigkeit hat mich mein ganzes Leben lang bewegt.

Zum Beispiel fand ich es immer ungerecht, dass man zu meiner Zeit die Jungs für wichtiger hielt als die Mädchen und dass darum die Jungs eine bessere Schulbildung bekamen. Ich selbst habe vier Kinder, und ich habe dafür gesorgt, dass meine drei Töchter genauso viel lernen durften wie mein Sohn.

Der König ließ mich erst mal in Ruhe, denn ich arbeitete ja nicht mehr für ihn, und so konnte es ihm ja eigentlich egal sein, was ich über ihn dachte. Aber dann beschloss das Parlament für den König ein Gesetz. Darin stand, dass nur noch er und niemand sonst über die Kirche in England bestimmen durfte. Und Heinrich wollte alle Leute zwingen, darauf einen Eid zu schwören.

Das wäre vielleicht nicht schlimm gewesen, denke ich manchmal. Eine kleine Schummelei, einfach die Hand heben und schwören, mehr nicht, das hätte ich doch tun können, egal, was ich wirklich denke. Und dann hätte ich mir noch ein schönes Leben als netter Opa mit meinen Kindern und Enkeln machen können. Niemand wäre mir böse gewesen.

Nur ich selbst vielleicht. Denn da war diese Sache mit dem Gewissen. Also weigerte ich mich – und der König ließ mich als Verräter hinrichten. Die Kinder und Jugendlichen der Katholischen jungen Gemeinde, der KjG, haben mich als ihren Patron ausgewählt. Denn auch sie setzen sich für eine gerechtere Welt ein. Und, ähnlich wie ich, für ein faires Miteinander von Jungs und Mädchen, von Männern und Frauen.

Apropos: Männer und Frauen ...

Als englischer Lordkanzler war Thomas Morus ein mächtiger, reicher Mann. Das bekannteste Bild von ihm hat ein berühmter Künstler namens Hans Holbein gemalt. Darauf ist Thomas Morus in prächtiger Kleidung zu sehen. Sein Gewand ist aus Samt und mit wertvollem Pelz besetzt. Das konnten sich damals nur ganz wenige Menschen leisten. Um den Hals trägt Thomas Morus das wichtigste Zeichen seiner Macht: seine schwere goldene Amtskette, die nur der Lordkanzler tragen durfte. Aber obwohl er so reich und mächtig war, vergaß Thomas Morus nie die vielen Menschen, denen es weniger gut ging.

Heilige
Maria Magdalena

Du hast schon gemerkt, dass in den Geschichten von Jesus gleich mehrere Frauen vorkommen, die Maria heißen. Das war damals ein sehr beliebter Name und ist es ja heute noch. Mit meinem Beinamen Magdalena kann ich nicht so schnell verwechselt werden. Wobei die Leute, die heute die Bibel lesen, trotzdem nicht immer ganz sicher sind, an welchen Stellen ich jetzt wirklich gemeint bin. War ich die Frau, aus der Jesus sieben Dämonen ausgetrieben hat? War ich die „Sünderin", die Jesus mit ihren eigenen Haaren die Füße abgetrocknet hat?

Das ist vielleicht nicht so wichtig. Wichtig ist, dass ich bei Jesus war, als es wirklich drauf ankam. Ich war dabei, während er am Kreuz starb. Natürlich ist das ein entsetzliches Erlebnis gewesen. Darum waren die ganzen Männer aus unserer Gruppe längst abgehauen und hatten sich irgendwo versteckt. Nur Johannes hat zusammen mit uns Frauen unter dem Kreuz ausgehalten, damit Jesus nicht ganz allein sein musste.

Mit Jesus starb nicht nur mein bester Freund, sondern auch all meine Hoffnung. Wir hatten doch alle gedacht, dass er der Messias ist, der die Welt erlöst. Mit so einem entsetzlichen Ende hat niemand von uns gerechnet. Wir standen alle unter Schock und hatten völlig vergessen, was Jesus einmal zu uns gesagt hatte: dass er von den Toten aufersteht.

Wir haben ihn vorläufig begraben, ohne seinen Körper mit den duftenden Salben einzureiben, wie man das eigentlich bei uns macht. Darum bin ich mit den anderen Frauen am übernächsten Tag zum Grab gegangen, um das nachzuholen. Das Grab war nicht im Erdboden, es war eine Höhle in einem Garten, vor deren Eingang ein schwerer Stein lag. Das heißt – der Stein hätte dort liegen sollen, doch als wir in aller Frühe zum Grab kamen, war der Stein weggerollt. Und Jesus war fort!

Wer hat ihn weggenommen und wo haben sie ihn hingebracht?, fragten wir uns. Ein Mann tauchte auf. Das ist sicher der Gärtner, dachte ich. Ich sprach ihn an und fragte, ob er was mitgekriegt hätte. Doch er schaute mich bloß an und sagte meinen Namen: Maria. Da hab ich ihn erkannt. Er war es! Jesus!

Das hab ich natürlich sofort den Männern erzählt, also Petrus und Johannes und den anderen. Die dachten wohl erst, ich wäre einfach übergeschnappt. Bis sie ihn selbst gesehen haben. Tja.

Obwohl ich die Erste gewesen bin, die Jesus nach seiner Auferstehung getroffen hat, hatte ich später in unserer Gruppe nicht mehr viel zu melden. Nachdem Jesus in den Himmel zurückgekehrt war, übernahmen die Männer das Kommando, vor allem Petrus, Jakobus und Johannes. Uns Frauen hat keiner von denen so richtig ernstgenommen. Na gut, das war damals überall so, nicht nur in unserer Gemeinschaft, so waren die

Zeiten. In der Kirche ist das allerdings bis heute so geblieben. Nur Männer dürfen Priester werden oder Bischof, weil ja die Bischöfe die Nachfolger der zwölf Apostel sind. Und das waren auch alles Männer.

Aber vor noch gar nicht allzu langer Zeit hat Papst Franziskus ganz offiziell erklärt, dass ich sehr wohl auch eine Apostelin bin. Ob es dann irgendwann auch mal eine katholische Bischöfin geben wird?

Ich war, wie gesagt, die Erste, die Jesus nach der Auferstehung wiedergesehen hat. Aber nach mir haben das viele, viele andere ebenfalls erlebt. Einen davon triffst du jetzt ...

In der Bibel wird von einer Frau erzählt, die dem erschöpften Jesus mit einer kostbaren Salbe die Füße einreibt. Es ist nicht sicher, dass es sich dabei um Maria Magdalena handelt, aber die Menschen haben es über Jahrhunderte so erzählt. Darum wird Maria Magdalena auf Bildern oft mit einem Salbgefäß dargestellt. Jedenfalls gab es offenbar ganz schön Streit um diese Salbe: In der Bibel wird erzählt, dass die Freunde Jesu schimpfen. Sie finden, man hätte die teure Salbe und das Gefäß lieber verkaufen sollen, um mit dem Erlös den Armen zu helfen. Doch Jesus widerspricht ihnen. Das passt gar nicht zu dem, was wir sonst von Jesus wissen. Aber vielleicht ist es ganz gut, wenn wir uns manchmal daran erinnern: Es ist wichtig, anderen Menschen zu helfen und sich anzustrengen, dass die Welt ein wenig besser wird. Aber es ist nicht gut, wenn wir darüber uns selbst vergessen.

Heiliger Christophorus

Ständig trägt man irgendwas mit sich herum. Schultasche, Turnbeutel, Handy ... Oder, weil du so nett bist, die Einkaufstaschen deiner Nachbarin. Wer groß und stark ist, kann natürlich mehr tragen als andere Leute. Davon handelt auch meine Legende. Zu meinen Lebzeiten war ich nämlich ganz besonders groß und bärenstark. Und ich war auch nett und hilfsbereit, aber ich wollte nicht einfach irgendwem helfen. Denn wer so groß und stark ist wie ich, dachte ich, muss doch dem allergrößten und mächtigsten Herrscher dienen.

Darum bin ich zum König gegangen, um für ihn zu arbeiten. Aber einmal geschah es, dass im Palast jemand über den Teufel redete. Da wurde der König bleich vor Schreck, weil er sich so sehr vor dem Teufel fürchtete.

Mir war sofort klar – wenn dieser mächtige Herrscher schon Angst bekommt, wenn man nur den Namen des Teufels ausspricht, dann muss der Teufel ja noch viel mächtiger als der König sein. Also verließ ich den König und wurde ein Diener des Teufels. Doch eines Tages waren der Teufel und ich auf einer Straße unterwegs, an deren Rand ein Kreuz stand, und an dem Kreuz hing eine Jesus-Figur. Da bekam der Teufel einen Riesenschreck und machte einen großen Bogen um das Kreuz. Und ich hab sofort verstanden: Dieser Jesus muss ja wohl noch viel größer und mächtiger sein als alle Könige der Welt und sogar als der Teufel. Da wollte ich natürlich lieber diesem Jesus dienen.

Dummerweise konnte ich ihn nirgendwo finden. Jemand gab mir den Tipp, einfach zu warten, ob Jesus nicht stattdessen vielleicht mich findet. In der Zwischenzeit sollte ich mich nützlich machen. Es gab da diesen reißenden Fluss, über den keine Brücke führte und auf dem kein Boot fahren konnte, so wild war der. Man konnte auch nicht hindurchwaten, denn der Fluss war zu tief und zu reißend – außer für mich. Ich war ja extrem groß und unglaublich stark, falls ich das noch nicht erwähnt haben sollte. Ich fing also an, als Träger zu arbeiten. Immer, wenn jemand über den Fluss wollte, hab ich ihn auf meine Schulter genommen und von einem Ufer zum anderen getragen. Auch die dicksten und schwersten Leute, kein Problem für mich. Bis eines Tages dieses kleine Kind am Ufer stand.

Ist ja leicht, dachte ich, hob es auf meine Schulter und stieg in den Fluss. Doch je weiter ich durchs Wasser ging, desto schwerer wurde dieses rätselhafte Kind. Ich dachte fast, ich gehe unter! Mit letzter Kraft erreichte ich das Ufer und kam mir vor, als hätte ich auf meinen Schultern die ganze Welt über den Fluss geschleppt. Und das hatte ich tatsächlich, denn das Kind war niemand anderes als Jesus, dem die ganze Welt gehört. Er nannte mich Christophorus, das heißt: Christusträger.

Ob die Legende stimmt? Wer weiß. Aber eines kann ich dir sicher sagen: Immer, wenn du für einen anderen Menschen eine Last trägst, dann trägst du auch Christus. Ob du aus Freundlichkeit für jemanden den Müll rausträgst oder ob du einem Kind im Rollstuhl über eine Bordsteinkante hilfst oder ob du jemanden tröstest, der sehr traurig ist. Denn Trauer ist ja auch eine Last, die man zu zweit besser tragen kann als alleine.

Also eigentlich sind wir dann alle Christusträgerinnen und Christusträger. Wir sind ja auch alle mit Jesus durchs Wasser gegangen, zumindest ein bisschen. Nämlich bei der Taufe.

Wobei es auch Leute gibt, die erst als Erwachsene getauft werden …

Der Legende nach hat das Kind dem heiligen Christophorus ein Zeichen gegeben, nachdem dieser es über den Fluss getragen hatte, um Christophorus davon zu überzeugen, dass es wirklich Christus war, den er da getragen hatte: Auf Anweisung des Kindes steckte Christophorus am Abend den toten Baumstamm, den er als Wanderstab benutzte, vor seiner Hütte in die Erde. Als er am nächsten Morgen erwachte, trug der Stamm Blätter und Früchte. So wurde der Wanderstab des Christophorus zum Symbol: So, wie Christus aus dem toten Holz des Stabes Leben wachsen ließ, so schenkt er den Toten Auferstehung und ewiges Leben.

Heilige
Edith Stein

Meine Heimatstadt ist Breslau. Jedenfalls hieß die Stadt früher so, heute heißt sie Wroclaw und gehört zu Polen, denn durch den von den Deutschen begonnenen schrecklichen Zweiten Weltkrieg, bei dem halb Europa zerstört wurde, haben sich auch viele Grenzen verändert. Was damals in Deutschland geschah, als Adolf Hitler und die Nazis an der Macht waren, hat auch mein Schicksal geprägt.

Wobei in meiner Kindheit noch nichts davon zu ahnen war. Ich bin mit vielen Geschwistern aufgewachsen und war ziemlich gut in der Schule. Meine Eltern waren sehr gläubige Menschen. Genau wie Jesus und seine Freundinnen und Freunde bin ich in einer jüdischen Familie aufgewachsen. Während im Christentum die Menschen glauben, dass Jesus der Messias ist, glauben sie im Judentum, dass der Messias erst noch kommen wird. Der Glaube an Jesus hat sich aus dem Judentum entwickelt, wie später auch der Islam mit dem Propheten Mohamed. Ich selbst habe mich allerdings gar nicht für Religion interessiert, sondern für Philosophie. Ich habe nicht geglaubt, dass es Gott gibt. Ich dachte, die Welt muss irgendeinen anderen Sinn haben. Ich habe darüber viele Texte geschrieben, und mein Professor fand mich eigentlich ziemlich gut, doch als ich selbst Professorin werden wollte, haben er und alle anderen das abgelehnt – damals, vor hundert Jahren, durfte eine Frau nicht Professorin sein.

Es war eine doofe Zeit für mich, auch weil ich unglücklich verliebt war. Ich fühlte mich zurückgewiesen und alleingelassen. Da herrschte so eine

Art „Totenstille" in mir. Aber genau in dieser Situation, als es mir schlecht ging, habe ich angefangen, an Gott zu denken. Und an seinen Sohn Jesus. Ich merkte, dass ich an ihn glauben kann. Ich ließ mich taufen, wurde sogar Nonne in einem Kloster und nannte mich seitdem Teresia Benedicta vom Kreuz.

In unserem Land passierten zu dieser Zeit furchtbare Dinge. Adolf Hitler und seine Nazi-Partei kamen an die Macht – sie behaupteten, dass nur sie bestimmen dürften, wer eigentlich deutsch ist und wer nicht; sie meinten, Deutschland sollte andere Länder überfallen und beherrschen, und wer dagegen etwas gesagt hat, kam ins Gefängnis. Am allermeisten hassten Nazis uns Juden. Ich war zwar jetzt eine Christin, aber gleichzeitig bin ich natürlich eine Jüdin geblieben, das ist ja meine Herkunft, meine Wurzel.

Es wurden immer mehr Sachen für Juden verboten, wir durften nicht mehr ins Schwimmbad gehen und nicht mehr einfach in den Läden einkaufen, durften nicht mehr normal zur Schule oder zur Arbeit ... und irgendwann, nachdem Deutschland den Krieg entfesselt hatte, begann das, was wir heute Holocaust oder Shoa nennen: Überall wurden Jüdinnen und Juden verhaftet, mit der Eisenbahn weggebracht und in riesigen Lagern ermordet.

So ging es auch mir und meiner Schwester.

Heute verehren mich viele Menschen als „Patronin Europas". Ich bete mit dir dafür, dass in Europa Frieden herrscht und solche schrecklichen Dinge nie mehr geschehen. Manche Leute sehen in mir außerdem eine „Kirchenlehrerin", also eine Frau, von der die Kirche einiges lernen kann.

Eine weitere Kirchenlehrerin lernst du auch gleich auf der nächsten Seite kennen ...

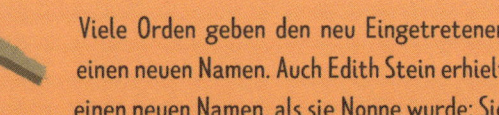

Viele Orden geben den neu Eingetretenen einen neuen Namen. Auch Edith Stein erhielt einen neuen Namen, als sie Nonne wurde: Sie hieß nun Teresia Benedicta a Cruce. Das bedeutet auf Deutsch: Teresia, die vom Kreuz Gesegnete. Das Kreuz und das Leiden Jesu war etwas, das Edith Stein immer sehr beschäftigte. Bis zu dem Tag, als sie verhaftet wurde, arbeitete Edith Stein an einem großen Werk mit dem Titel „Kreuzeswissenschaft". Darin beschäftigte sie sich mit einem großen Heiligen, der vierhundert Jahre vor ihr gelebt hatte, mit Johannes vom Kreuz. Thema dieses Buches war aber auch die Frage, wie der Mensch selbst im Leid Gott begegnen kann. Edith Stein glaubte, dass Gott auch im tiefsten Leid bei ihr sei. Vielleicht fand sie darum die Kraft, selbst in der brutalen Welt des Konzentrationslagers andere Menschen zu trösten und ihnen zu helfen.

Heilige Hildegard von Bingen

Wo bist du heute schon überall gewesen? Welchen Menschen bist du begegnet? Hast du Bäume und Blumen gesehen und Tiere? Vielleicht einen Vogel, der über dir davonflog? Hast du den Himmel gesehen und die Wolken, wie sie dahinziehen? Hast du schon einmal darüber nachgedacht, dass all das etwas mit dir zu tun hat? Dass jeder Kieselstein und jeder Regenwurm und jeder Stern in der Nacht etwas mit dir zu tun hat, weil im ganzen Universum alles mit allem verbunden ist? Kannst du dir das vorstellen?

Niemand kann das allein mit seinen Gedanken erfassen. Da hilft keine Logik. Der Trick ist: Du kannst es fühlen. In deinem Herzen spüren. Versuche es mal.

Mir ist es jedenfalls so gegangen. Da war mir auf einmal, als würde ein funkelndes Licht aus dem geöffneten Himmel mein Gehirn und mein Herz und meinen ganzen Körper durchströmen. Und plötzlich wurde mir klar, was das alles bedeutet: die Geschichten der Bibel über Gott und Jesus, die ganze Schöpfung ...

Alles ist durchdrungen von Gottes Liebe.

Na gut, ich gebe zu, das sagt sich leicht dahin. Aber es hat Konsequenzen, wenn man so sehr an die Liebe glaubt. Das kann auch mal Streit bedeuten. Ich lebte als Frau zu einer Zeit, in der Frauen nicht viel zu sagen hatten. Außer im Kloster. Ich habe selbst eines gegründet, eigentlich sogar zwei, und da war ich die Chefin. Einmal ist ein Mann gestorben, der aus der Kirche rausgeflogen war. Nach unseren damaligen Regeln hätte er darum eigentlich nicht auf einem richtigen Friedhof beerdigt werden dürfen. Ich habe es trotzdem getan und dafür ziemlichen Ärger mit dem Bischof bekommen. Der fand, dass Gott den Toten nicht lieb hat, und wollte deshalb, dass wir den Mann woanders begraben. Ich bin aber dabeigeblieben, denn ich weiß genau: Die Liebe Gottes umarmt alle Menschen.

Und weil eben alles Lebendige mit allem zusammenhängt, ist mir auch bewusst geworden, dass die Natur auf ganz besondere Weise mit uns Menschen und unserem Körper zusammenwirkt. Da gibt es unzählige Kräuter, die uns von allen möglichen Krankheiten heilen können. Darü-

ber habe ich viel aufgeschrieben. Deshalb bin ich quasi nicht nur eine Heilige, sondern auch eine Kräuterhexe. Eine heilige Hexe, wenn du so willst. Ich habe ja zu einer Zeit gelebt, in der manche Menschen sich vor klugen Frauen gefürchtet und sie darum als Hexen bezeichnet haben. Mir ist es Gott sei Dank nicht so gegangen. Wobei es trotzdem sein kann, dass manche Leute ein bisschen Schiss vor mir hatten. Zum Beispiel, als ich mit unserem Kaiser Friedrich Barbarossa richtig schimpfen musste, weil der dachte, er könnte einfach mal so einen neuen Papst ernennen. Oder als ich eine Predigt vor geweihten Männern gehalten und ihnen erklärt habe, dass sie sich gefälligst um die Armen kümmern sollen, statt sich selbst zu bereichern. Denn das gehört ja auch zur Liebe dazu: Wenn du denkst, dass Sachen passieren, die der Liebe schaden, dann kannst du nicht die Klappe halten.

Einen, der das auch nicht konnte, triffst du auf der nächsten Seite.

Mit einem Krummstab bringt man meist einen Bischof in Verbindung. Er ist ein Zeichen für die bischöfliche Hirten-funktion. Der Krummstab soll an den Stab der Hirten erinnern. Doch nicht nur Bischöfe haben als „geistliche Hirten" einen Krummstab, sondern auch Äbte und Äbtissinnen. Die heilige Hildegard, die als Leiterin eines bedeutenden Klosters auch bei den Mächtigen in der sonst vor allem von Männern geprägten Kirche Gehör fand, wird darum auf Bildern oft mit dem Krummstab gezeigt.

Heiliger
Andreas Kim Taegon

Als Jesus zu seinen Freundinnen und Freunden gesagt hat: „Geht zu allen Völkern und macht alle Menschen zu meinen Jüngerinnen und Jüngern!", da hat er ganz sicher nicht an Kriegsschiffe, Kanonen und Soldaten gedacht.

Trotzdem haben Menschen vor allem in früherer Zeit den Glauben an Jesus oft mit Gewalt verbreitet. Da sind dann Leute aus Europa zum Beispiel nach Amerika gesegelt oder nach Afrika oder Asien und haben gesagt: „So, ab jetzt ist das unser Land! Ihr müsst uns jetzt alle gehorchen. Und weil wir Christen sind, müsst ihr euch taufen lassen. Sonst geht es euch schlecht!"

Oder so ähnlich.

Manchmal fuhren die Leute aus Europa aber auch ganz friedlich übers Meer, um den Menschen in fernen Ländern von Jesus zu erzählen. Das nennt man Mission. Und diese Missionare, wie gesagt, kamen fast immer aus Europa. So, als wäre der Glaube an Jesus eine rein europäische Angelegenheit – und nicht eine Sache der ganzen Menschheit.

Vor über zweihundert Jahren kamen auch Missionare in meinem Heimatland Korea an. Sie staunten nicht schlecht, als sie sahen, dass es hier bei uns schon längst Christinnen und Christen gab. Einige aus unserem Land hatten nämlich schon lange zuvor bei Besuchen in anderen Ländern den christlichen Glauben kennengelernt und dann zu Hause davon erzählt. Das wurde von einer Generation an die nächste weitergegeben.

Und zwar ganz ohne Priester, denn die gab es bei uns noch nicht. Der erste Priester aus Korea wurde ich.

Meine Eltern waren auch schon Christen gewesen, aber zu dieser Zeit war das bei uns verboten. Darum hatten wir auch kein eigenes Priesterseminar. Aber in Macau gab es eines, das liegt in China, also nicht so weit weg von Korea. Dort hab ich als Jugendlicher studiert und bin später in Shanghai zum ersten koreanischen Priester geweiht worden. Ich kehrte in meine Heimat zurück und habe in der Hauptstadt Seoul als Priester gearbeitet, natürlich heimlich. Zwischendurch habe ich immer mal wieder versucht, mithilfe von Fischern andere Christen ins Land zu schmuggeln. Sie sollten nachts mit Schiffen an der Küste landen, und ich wollte sie heimlich in die Stadt bringen. Doch dabei wurde ich erwischt, festgenommen und getötet. So wie mir ging es vielen Tausend anderen Christinnen und Christen.

Heute herrscht Religionsfreiheit bei uns, zumindest im Süden von Korea, und mehrere Millionen Leute hier glauben an Jesus, das hätte ich damals nicht zu hoffen gewagt.

Wir haben unsere eigenen koreanischen Lieder und Gebräuche und unsere eigene Art, Gottesdienst zu feiern. Das ist das Schöne an der weltweiten Kirche, dass es in jedem Land ein bisschen anders ist. Bunt und vielfältig.

Oder manchmal auch schwarz und düster ...

Mit der Mission ist das so eine Sache: Einerseits hat Jesus seinen Freunden den Auftrag gegeben, Menschen in allen Ländern zu seinen Jüngerinnen und Jüngern zu machen. Dass das nicht – wie manchmal in früheren Jahrhunderten – mit Zwang und Gewalt geschehen kann, darüber sind sich heutzutage Christen einig. Aber wer den christlichen Glauben für sich als gut und heilsam erlebt hat, will anderen von diesen glücklichen Erfahrungen erzählen und ihnen den Weg zum Christentum zeigen. Das ist nachvollziehbar. Schwierig wird es nur, wenn jemand nur erzählen und nicht zuhören will. Schließlich könnte es ja sein, dass auch die Christinnen und Christen von den anderen etwas lernen können, oder?

Heilige
Therese von Lisieux

Kann man eigentlich heilig sein, wenn man gar nicht an Gott glaubt? Oder zumindest nicht immer? Oder nicht so, wie die anderen es einem vielleicht sagen?

Tatsächlich war es mal mein Traum gewesen, eine Heilige zu werden. Dabei fand ich mich selber überhaupt nicht toll. Auch wenn manche meiner Mitschwestern das von mir gedacht haben. Sie hielten mich für selbstsicher und stolz. Dabei hatte ich in Wahrheit sehr viel Angst. Und vor allem war ich traurig und einsam.

Vielleicht ist das ein Grund, warum ich schon als Kind den sehnlichsten Wunsch hatte, in ein Kloster einzutreten und Teil einer Gemeinschaft zu werden. Anfangs haben sie mich nicht aufgenommen, weil ich angeblich viel zu jung dafür war. Erst mit fünfzehn durfte ich ins Kloster ziehen. Keine Ahnung, was genau ich mir vorgestellt und erhofft hatte – es wurden jedenfalls schwierige Jahre. Kennst du dieses Gefühl, dass absolut niemand dich versteht? Du redest, aber die anderen begreifen überhaupt nicht, was in dir vorgeht?

Alle um mich herum hatten eine klare Vorstellung von Gott, dem Schöpfer der Welt, dem strengen Richter über Gut und Böse ... aber für mich passte das irgendwie nicht. Jesus hat uns doch eigentlich eine andere Seite von Gott gezeigt. Nämlich den barmherzigen Gott, der alle Menschen bedingungslos liebt, auch die Sünder. Oder gerade die, weil sie die Liebe am dringendsten brauchen. So wollte ich auch sein. Also die

Menschen bedingungslos lieben. Ohne großes Tamtam, einfach im Alltag mit kleinen Gesten. Den „kleinen Weg" hab ich das genannt.

Mein Weg war ja auch tatsächlich nicht gerade besonders groß oder lang, jedenfalls wenn man ihn auf einer Landkarte anschaut, denn ich habe eigentlich in meinem ganzen Leben meine Heimatgegend nie verlassen. Ich wäre gern nach Vietnam gereist, um dort für meinen Orden zu arbeiten und mich um die Menschen zu kümmern. Aber bevor ich aufbrechen konnte, wurde ich krank. Ich bekam Tuberkulose, eine Krankheit, an der zu meiner Zeit viele Menschen starben. Du kriegst kaum Luft, musst ständig husten, hast schweres Fieber und es wird immer schlimmer. Meine Priorin, also die Chefin in meinem Kloster, hat angeregt, dass ich meine Geschichte und meine Gedanken aufschreibe. Das habe ich getan.

In der Geschichte kommt viel Dunkles vor. Ich spürte immer mehr eine riesige, entsetzliche Leere in mir. Ich konnte mir gar nicht mehr vorstellen, dass Gott überhaupt existiert und dass nach dem Tod so etwas wie der Himmel warten soll. Das Einzige, was ich mir überhaupt noch vorstellen konnte, war die Liebe. Daran hab ich mich festgehalten bis zum Schluss.

Irgendetwas müssen die Menschen in mir gesehen haben, denn nachdem ich gestorben war, fingen sie an, mich in ihren Gebeten um Hilfe zu bitten für ihre eigenen Leiden und Krankheiten – und das hat vielen tatsächlich geholfen. Mir irgendwie auch.

Apropos: anderen helfen ...

Auf Bildern wird Therese von Lisieux oft mit einem Strauß Rosen im Arm gezeigt. Kurz vor ihrem Tod hat sie nämlich gesagt, sie werde „Rosen auf die Erde streuen", wenn sie zu Gott heimgekehrt sei. Natürlich hat es nie wirklich Rosen vom Himmel geregnet. Aber im übertragenen Sinne hat Therese schon Rosen auf die Erde gestreut – nämlich dadurch, dass sie durch ihr Vorbild vielen Menschen Mut gemacht und ihnen geholfen hat, auch in traurigen und dunklen Zeiten ihren Mut und ihr Gottvertrauen nicht zu verlieren.

Heiliger
Franz von Assisi

Stress mit den Eltern haben wir wohl alle mal, das gehört ja irgendwie bei jeder Familie dazu. Manchmal haben deine Eltern einfach ganz andere Ansichten als du, und es ist schön, wenn man sich am Ende trotzdem wieder verträgt. Das war bei mir anders, ich habe mich nicht mehr mit meiner Familie versöhnt. Und ich stand am Schluss ziemlich nackt da. Dabei lief mein Leben als Jugendlicher noch ganz nach Plan. Meine Familie war wohlhabend, und ich selber verdiente auch schon ordentlich viel Geld im Tuchhandel meines Vaters. Auf jeder Party konnte ich großzügig den anderen was ausgeben, und wir hatten eine Menge Spaß.

Eigentlich wäre ich aber gern Ritter geworden, das war mein Traum. Zu meiner Zeit kam es oft vor, dass einzelne Städte gegeneinander Krieg führten, und als meine Heimatstadt Assisi gegen die Nachbarstadt Perugia kämpfte, hab ich begeistert mitgemacht. Jedenfalls am Anfang. Aber ich hab schnell gemerkt, dass Krieg etwas Schreckliches ist. Ich wurde gefangen genommen und landete im Kerker. Als ich nach über einem Jahr wieder freikam, war nichts mehr wie früher. Ich hatte keine Lust mehr auf Partys, mein Traum vom Ritterleben war geplatzt, und ich fühlte mich besser, wenn ich ganz allein war. Oder wenn ich Armen begegnete. Denen schenkte ich Sachen aus unserem Laden, einfach so. Wir konnten es uns schließlich leisten, auch wenn mein Vater darüber meistens echt sauer wurde.

Irgendwann betete ich in einer halb verfallenen Kirche zu Jesus, als der mir plötzlich antwortete! Ich solle seine Kirche wiederaufbauen, sagte er zu mir. Das hab ich gemacht. Natürlich mit Geld aus unserem Betrieb. Mein Vater wollte mir das verbieten, schließlich brachte er mich sogar vor Gericht deswegen. Die Verhandlung fand mitten auf dem Domplatz statt, in aller Öffentlichkeit. Da hab ich mich einfach komplett ausgezogen, alle meine Klamotten, weil ich nichts mehr besitzen wollte, was meinem Vater gehört. Ich hab ihm alles vor die Füße geknallt und bin gegangen.

Ich besaß ab jetzt überhaupt nichts mehr, ich war bettelarm – und fühlte mich seltsamerweise vollkommen frei. Ich wollte in Einfachheit leben, im Einklang mit den Menschen und auch mit den Tieren, die von Gott ja genauso geliebt werden. Die Natur ist doch ein einziges großes Wunder, darum erwartet Gott von uns, dass wir die Tiere gut behandeln und unsere Umwelt und dass wir unser Klima beschützen.

Als Jesus damals sagte, ich solle die Kirche wiederaufbauen, hat er übrigens nicht nur das Gebäude gemeint, glaube ich, sondern die Kirche als Gemeinschaft. Anfangs haben mich viele Leute ausgelacht, weil ich einfach nackt weggegangen bin. Aber es gab welche, die mich für den Mut bewundert haben, und mit der Zeit haben sich mir viele, viele Leute angeschlossen, und wir wurden zu einem großen Orden.

Viele Hundert Jahre später brauchte die Kirche mal wieder einen neuen Papst, und ein Bischof aus Argentinien wurde gewählt, er heißt Jorge Bergoglio. Einer seiner Freunde sagte zu ihm, er solle die Armen nicht vergessen, wenn er jetzt Papst ist. Darum hat er sich überlegt, meinen Namen anzunehmen: Franziskus. Als Zeichen, dass die ganze Kirche immer für die Ärmsten und Schwächsten unter uns da sein muss. Und besonders für die Kinder.

Ein heiliges Kind triffst du auf der nächsten Seite ...

Im Einklang mit der Natur zu leben, war Franziskus sehr wichtig. In seinem berühmten „Sonnengesang" preist er die Natur als Schöpfung Gottes. Diese Nähe zur Natur spiegelt sich auch in vielen Franziskuslegenden. So gibt es zum Beispiel Geschichten, in denen Franziskus mit den Tieren sprechen kann und ihnen predigt.

Heiliger Justus

Hast du gewusst, dass die Stadt St. Petersburg in Russland ihren Namen von einem Kaiser hat, von dem Zaren Peter? Oder dass Washington, die Hauptstadt der USA, den Namen des Präsidenten Georg Washington trägt? Oder dass die Stadt Karlsruhe nach einem gewissen Grafen Karl Wilhelm heißt? Tatsächlich gibt es auf der Welt eine ganze Menge Städte, die nach berühmten Menschen benannt worden sind – meistens nach mächtigen Herrschern.

Im Norden von Frankreich aber gibt es ein kleines Städtchen, das trägt den Namen eines zehnjährigen Jungen. Es heißt Saint-Just-en-Chaussée. Und genau dieser Junge bin ich: Saint Just. Oder auf Deutsch: der heilige Justus.

Ich war, wie gesagt, gerade mal zehn Jahre alt, als diese Sache mit meinem Onkel passierte. Justinian, so hieß mein Onkel, war ein Bruder meines Vaters und schon vor vielen Jahren entführt und als Sklave verkauft worden. Unsere Familie hatte nie wieder etwas von ihm gehört. Bis zu dem Moment, als ich eine Art Eingebung hatte. Keine Ahnung, woher – aber plötzlich wusste ich, dass Onkel Justinian in Amiens war, einer Stadt im Süden. Kurz entschlossen brachen mein Vater und ich dorthin auf, um ihn zu befreien. Und irgendwie haben wir es tatsächlich geschafft, Justinian zu finden und mit ihm aus Amiens zu fliehen.

Doch leider hatten wir uns zu früh gefreut. Plötzlich merkten wir, dass wir verfolgt wurden. Nicht von irgendwem, sondern von den Soldaten des Präfekten Rictius Varus. Der war für seine Grausamkeit bekannt und hasste uns nicht nur, weil wir meinen Onkel befreit hatten, sondern auch, weil wir Christen waren. Da hatte ich auf einmal wieder so eine Eingebung: Ich entdeckte eine Höhle und schickte meinen Vater und meinen Onkel vor, damit sie sich dort verstecken sollten. Ich selbst aber habe es nicht mehr geschafft – Rictius Varus erwischte mich.

Er bot mir an, mich am Leben zu lassen, wenn ich verraten würde, wo Onkel Justinian und mein Vater versteckt sind. Und ich sollte ihm versprechen, kein Christ mehr zu sein. Aber weder das eine noch das andere hab ich gemacht. Und so musste ich sterben.

Das klingt ganz schön mutig von mir, ich weiß. Aber ich hab mir das nicht ausgesucht. Ich war doch erst zehn Jahre alt und wollte noch ganz lange leben, mit meinen Freunden spielen, mit meiner Familie zusammen sein. Aber als ich Rictius gegenüberstand, musste ich mich entscheiden.

Solche Momente gibt es, vielleicht kennst du das auch schon. Meistens geht es ja Gott sei Dank nicht um Leben oder Tod. Trotzdem brauchst du manchmal Mut, um zu deinen Überzeugungen zu stehen. Vor allem dann, wenn du dich gegen Ungerechtigkeit wehrst.

Das bedeutet übrigens mein Name. Justus heißt nämlich auf Deutsch: der Gerechte.

Aber wo wir gerade von der Stadt Amiens sprechen: Dort hat sich ein paar Jahre später noch eine ganz andere Geschichte ereignet. Bestimmt kennst du sie ...

Als Märtyrer, der in der Zeit der Christenver-folgung getötet wurde, wird Justus häufig mit einer Palme oder einem Palmzweig dargestellt. Diese sogenannte „Märtyrerpalme" haben auf alten Bildern fast alle Heiligen, die ihres Glaubens wegen ermordet wurden, bei sich. Die grüne Palme mit ihren nahrhaften Früchten galt im Mittel-meerraum bereits seit langer Zeit als Symbol des Sieges und des Lebens. Wenn die Märtyrer auf den alten Bildern Palmen bei sich haben, so soll das zeigen, dass sie letztlich gesiegt und das ewige Leben gewonnen haben.

Heiliger
Martin von Tours

Für die meisten Kinder heutzutage ist ein Schwert wohl ein Spielzeug. Zu meiner Zeit war es vor allem eine tödliche Waffe. Aber wenn man will, kann man auch Gutes damit tun. Zum Beispiel den eigenen Mantel durchschneiden und die eine Hälfte einem frierenden Bettler geben.

Du kennst natürlich die Geschichte. Sie wird jedes Jahr in vielen Schulen und Kindergärten nachgespielt, da komme ich hoch zu Ross geritten und trage auf dem Kopf den glänzenden Helm eines römischen Soldaten.

Eigentlich wollte ich gar kein Soldat sein. Doch leider lag das bei uns in der Familie. Mein Vater war ein Offizier der römischen Armee, und unser Kaiser hatte befohlen, dass die Söhne von Offizieren ebenfalls Soldaten werden mussten. So bekam ich also mit gerade mal fünfzehn Jahren ein Schwert und einen Helm und ein Pferd und musste kämpfen. In allen möglichen Ländern hab ich gekämpft, denn das Römische Reich war riesengroß. Aber es bestand auch schon sehr lange. Die römische Herrschaft wurde immer schwächer, und die Grenzen des Reichs begannen zu bröckeln.

Einmal waren wir Reiter der kaiserlichen Garde in Gallien stationiert – so hieß Frankreich damals – und dort, vor dem Tor der Stadt Amiens, saß mitten im tiefen Schnee ein Bettler. Der Bettler war so arm, dass er nicht mal richtige Anziehsachen hatte, nur ein paar Stofffetzen, und das mitten im Winter. Also hab ich mit diesem Mann meinen Mantel geteilt, damit er sich wenigstens in etwas Warmes einwickeln konnte.

Manche meinten später, ich hätte ihm ja wohl den ganzen Mantel geben können, nicht nur den halben. Andere behaupten, die Geschichte wäre nur ausgedacht. Wichtig ist, dass man überhaupt was macht, wenn man andere Menschen leiden sieht, finde ich. Und das mit dem Mantel war irgendwie heikel, denn der gehörte nicht mir persönlich. Diese Mäntel, die wir trugen, waren unser Markenzeichen als beste Soldaten des Kaisers. Übrigens war er weiß, der Mantel, mit Schaffell am Kragen und nicht rot, wie meistens dargestellt, aber das nur am Rande ...

Indem ich diesen Mantel durchtrennte, zerschnitt ich auf gewisse Weise auch die Macht der römischen Armee.

In der folgenden Nacht hab ich das fehlende Mantelteil im Traum wieder gesehen, der Bettler trug es an seinem Körper, aber es war nicht mehr der Bettler vom Stadttor, sondern es war Jesus. Als hätte ich ihm persönlich den halben Mantel gegeben. Und irgendwie hab ich das wirk-

lich, denn Jesus sagt selbst in der Bibel: Was wir für die schwächsten und ärmsten Menschen tun, tun wir gleichzeitig für ihn.

Ich hab dann die Armee verlassen, sobald es ging, und das Soldatenleben hinter mir gelassen. Am liebsten wäre ich irgendwo in einer einsamen Gegend alleine alt geworden. Aber die Leute brauchten einen Bischof und wollten unbedingt mich. Da habe ich nachgegeben. Denn darauf kommt es ja an: Dass du da bist, wenn du gebraucht wirst. Heute gelte ich als der Patron der Armen und der Flüchtlinge. Wann immer du selbst dich arm fühlst oder auf der Flucht bist oder wo immer du dich für arme oder geflüchtete Menschen einsetzt, bin ich bei dir.

Apropos: Einsatz für die Armen ...

Der heilige Martin war, so erzählt es die Legende, zu bescheiden, um das Amt des Bischofs zu übernehmen. Als die Leute ihn dennoch zum Bischof machen wollten, lief er davon und versteckte sich in einem Gänsestall. Doch die Gänse schnatterten und kreischten so laut, dass sie Martin verrieten. Er wurde entdeckt und übernahm schließlich doch das Amt des Bischofs. Dieser Geschichte wegen sind auf manchen Bildern des heiligen Martin auch Gänse zu sehen. Außerdem ist es in vielen Gegenden üblich, rund um den Gedenktag des heiligen Martin Gänsebraten zu essen. Oft spricht man sogar von der „Martinsgans".

Heilige
Elisabeth von Thüringen

Du sollst nicht lügen. Nein, sollst du nicht. Gehört sich nicht.
Ist klar, oder?

Es gibt aber so was wie Notlügen. Stell dir vor, du wärst die Frau eines wichtigen Herrschers, nennen wir ihn mal Ludwig. Weil er sehr reich und mächtig ist, bist du natürlich auch sehr reich. Mächtig bist du allerdings nicht, denn du bist ja eine Frau, und im Mittelalter waren die Frauen meistens überhaupt nicht mächtig. Sie haben auch meistens nicht das Land regiert, das haben die Männer gemacht. Die Frauen sollten sich ein wenig um die Armen kümmern. Aber wirklich nur ein wenig. Nur so, dass die Armen zumindest ein bisschen was zu essen haben. Nicht zu viel, denn für den Herrscher des Landes ist es wichtig, dass die Armen arm bleiben und die Reichen reich und dass sich nichts verändert, denn sonst, wer weiß, würde sich vielleicht zu viel verändern und am Ende auch der Herrscher nicht mehr Herrscher sein. Dein Mann findet also, dass du viel zu viel Geld und Güter an die Armen verschenkst, und er verbietet es dir. Du machst natürlich trotzdem weiter und schleichst dich aus der Burg mit einem Korb voller Brot für die Armen, und darüber hast du eine Decke gebreitet, damit das Brot keiner sieht. Doch da kommt auf einmal dein Mann um die Ecke, er hat auf dich gewartet, es war eine Falle!

Was denn da im Korb ist, fragt er. Und du sagst, ohne lange zu überlegen, da wäre doch gar kein Brot im Korb, bloß ein Strauß Rosen. Jetzt will er sie natürlich sehen. Also nimmst du das Tuch fort und machst dich darauf gefasst, dass du gleich bestraft wirst, weil du den Armen Brot bringen wolltest. Doch was liegt in dem Korb? Tatsächlich Rosen. Ein Wunder!

Kann sein, dass sich das in Wirklichkeit nicht genauso zugetragen hat. Mein Mann war gar nicht so gemein, wie die Legende sagt. Trotzdem ist es eine schöne Geschichte darüber, was richtig und was falsch ist. Wenn du einen Korb voll Brot hast und behauptest, da wären Rosen drin, dann ist das natürlich falsch. Und wenn manche Menschen ganz unglaublich reich sind und andere Menschen sind entsetzlich arm – richtig oder falsch? Falsch. Genau. Sogar noch falscher als die Sache mit dem Brot und den Rosen.

Manchmal ist die Wahrheit eben komplizierter, als es auf den ersten Blick aussieht. Das gilt auch für die Geschichte meines Lebens. Nachdem mein Mann gestorben war, habe ich geschworen, selbst ganz arm zu leben. Und dabei habe ich mich total von meinem Berater Konrad bestimmen lassen, und anders als Ludwig ist dieser Konrad wirklich sehr gemein zu mir gewesen. Ich weiß gar nicht, warum ich mich da nicht gewehrt habe. Das Leben von Heiligen ist wahrscheinlich alles andere als perfekt. Es gibt aber bestimmte Sachen, von denen die Menschen auch nach vielen

Hundert Jahren trotzdem immer wieder erzählen – und bei mir ist das die Geschichte von dem Rosenwunder. Vielleicht, weil sie zeigt, dass wir in bestimmten Situationen einfach auf unser Herz hören müssen. Nicht auf das, was „man" tun soll oder nicht.

Und von wegen: was „man" tun soll ...

Das Brot in Elisabeths Korb verwandelt sich in Rosen, als ihr hartherziger, misstrauischer Ehemann in den Korb schaut. Als Elisabeth dann mit dem Korb zu den Armen kommt, ist wieder Brot darin. Diese Legende vom „Rosenwunder" ist wohl die bekannteste der Geschichten rund um die heilige Elisabeth und wurde in vielen Gemälden dargestellt.

Heilige Barbara

Ein junges Mädchen, eingesperrt in einem Turm – kommt dir das bekannt vor? Na klar, Rapunzel. Das Mädchen mit dem endlos langen Zopf. Sie ließ das Haar herab, und daran konnte immerhin ein Prinz zu ihr heraufklettern und sie befreien. Bei mir kam kein Prinz. Das heißt: Ich wollte gar nicht, dass einer kommt. Das war ja der Grund, warum ich in diesen Turm gesperrt worden bin. Nicht von einer bösen Hexe, sondern von meinem eigenen Vater.

Eigentlich hatte er mich immer gut behandelt, ja, sogar umsorgt und verwöhnt, mir jeden Wunsch von den Augen abgelesen. Er war ein reicher Kaufmann und hätte alles für mich getan – außer, mich selbst entscheiden lassen, wie ich leben will.

Zu unserer Zeit war der Glaube an Jesus im ganzen römischen Reich streng verboten. Ich kannte aber trotzdem ein paar Jugendliche, die waren Christinnen und Christen. Sie trafen sich heimlich, und ich war manchmal dabei und wünschte mir schließlich, selbst getauft zu werden. Das wollte mein Vater auf jeden Fall verhindern. Auf seinen Befehl sollte ich einen reichen jungen Mann heiraten und das Christentum vergessen. Als ich mich weigerte, sperrte er mich in diesen Turm. Er hat mich behandelt, als wäre ich sein Eigentum und er könnte mit mir machen, was ihm beliebte.

Aber ich wollte mich seinem Befehl nicht beugen. Irgendwann gelang mir die Flucht. Doch mein Vater verfolgte mich und hätte mich fast geschnappt – da tat sich plötzlich vor mir eine Felswand auf und verschluckte mich. So erzählt es jedenfalls die Legende über mich. Leider wurde ich von einem Hirten verraten, der gesehen hatte, wo ich war. Mein Vater fing mich ein, aber er brachte mich nicht zurück zum Turm, sondern direkt ins Gefängnis. Ich sollte vor allen Leuten in der Stadt erklären, dass ich nicht an Jesus glaube. Das wollte ich aber nicht. Der Chef der Stadt ließ mich daraufhin verprügeln und verurteilte mich zum Tod. Am Ende war es mein eigener Vater, der ein Schwert nahm, um mich damit zu töten.

Genau an diesem Tag blühte in meiner Gefängniszelle ein Zweig von einem Kirschbaum. Der Zweig war nämlich an meinem Gewand hängen geblieben, als mein Vater mich gewaltsam zum Gefängnis geschleift hatte. Ausgerechnet jetzt öffneten sich die Knospen.

Daraus hat sich ein Brauch entwickelt, den du vielleicht kennst: An meinem Gedenktag, dem 4. Dezember, schneiden viele Leute Zweige von

Obstbäumen ab und stellen sie in einer Vase mit Wasser auf. Und an Weihnachten öffnen sich die Knospen der Zweige und blühen auf.

Vielleicht ist meine Geschichte bloß eine uralte Legende mit wenig Wahrheitsgehalt. Aber das mit den Zweigen, das stimmt tatsächlich. Probiere es ruhig mal aus. Dass sich mitten im Winter diese Blüten öffnen, ist für mich ein Zeichen, dass niemand das Leben auf Dauer wegsperren kann. Egal ob in Türmen oder Kerkern oder durch Angstmachen oder auf welche Weise sonst. Das Leben wird irgendwann wieder aufblühen.

Apropos: mitten im Winter ...

Bilder und Figuren der heiligen Barbara zeigen fast immer auch den Turm. Der hat meistens drei Fenster, was den dreifaltigen Gott – Gottvater, Sohn und Heiligen Geist – symbolisieren soll. Übrigens gibt es zwei andere Heilige, die häufig mit Barbara zusammen dargestellt werden: Die eine ist die heilige Margarete, die der Legende nach einen Drachen (altmodisch auch „Lindwurm" genannt) besiegt hat. Die andere ist die heilige Katharina, von der erzählt wird, dass sie ihres Glaubens wegen ermordet wurde, indem man sie auf ein Rad fesselte und dieses dann immer weiter drehte.

In Süddeutschland gibt es einen Spruch zu diesen drei Heiligen: „Die Barbara mit dem Turm, die Gretel mit dem Wurm, die Kathi mit dem Radl – das sind die drei heiligen Madl."

Heiliger Nikolaus

Nein, nein, nein. Der nicht. Der bin ich nicht. Ich habe mit dem Weihnachtsmann nicht das Geringste – ich wiederhole: nicht das Allergeringste! – zu tun, meine Damen und Herren.

Ich bin Nikolaus von Myra – und wenn du mich schon als Schokoladenfigur essen willst, dann nimm doch bitte die Version mit der Mitra auf dem Kopf. So nennt man den Bischofshut, ich war nämlich vor langer Zeit ein Bischof in Myra, in der Türkei.

Na gut, ich gebe zu: Damals trugen Bischöfe noch gar keine Mitra. Aber die ständige Verwechslung mit dem Weihnachtsmann nervt mich tatsächlich, denn dieser Pummel mit Rauschebart und roter Zipfelmütze, auch Santa Claus genannt, macht ja am liebsten Werbung für schwarze Limonade und allgemeinen Konsum. Und so was liegt mir völlig fern!

Mir ging es nie ums Geldverdienen, viel lieber hab ich den anderen was geschenkt. Nach einer Erbschaft verteilte ich mein Vermögen nach und nach an alle Notleidenden. Vielleicht ist das der Grund, warum die Leute später überlegt haben, dass ich derjenige sein soll, der den Kindern Geschenke bringt.

Überhaupt die Kinder. Viele Legenden, die über mich erzählt werden, haben mit Kindern zu tun: Wie ich einmal für einen toten Jungen so sehr gebetet habe, dass Gott ihn wieder ins Leben rief. Oder wie ich dafür sorgte, dass ein Kind, das von Entführern nach Babylon verschleppt worden war, und durch einen Wirbelsturm zurück nach Myra gebracht

wurde. Wie gut oder schlecht die Welt ist, sieht man immer daran, wie die Welt mit den Kindern umgeht, denke ich. Schon Jesus hat gesagt, dass die Kinder unser Vorbild sein sollen, wenn es um die Frage geht, wie man in den Himmel kommt.

Im Laufe der Zeit haben sich die Leute viele schöne Lieder für mich ausgedacht. Der Schriftsteller Erich Kästner hat eines dieser Lieder mal umgedichtet und gesungen: „Morgen, Kinder, wird's nichts geben. Nur wer hat, kriegt noch geschenkt."

Die Vorstellung ist ziemlich gemein, aber leider stimmt es ja – manche Kinder haben schon so viel und kriegen noch mehr, während andere nur ganz wenig haben und auch beim Schenken leer ausgehen. Weil das Leben kein Disneyfilm ist, kann ich das leider nicht einfach so, schwupp, vom Himmel aus ändern. Nee, nicht mal der Nikolaus kann das.

Aber du vielleicht. Wann immer dir in deinem Alltag etwas begegnet, was du ungerecht findest oder sogar kinderfeindlich, kannst du ja vielleicht was dagegen sagen – und schauen, ob du noch andere Kinder findest, die auch was dagegen sagen. Es ist gut, wenn Kinder zusammenhalten. Und wenn gerade die Kinder, die nicht so viel besitzen, nicht deswegen ausgeschlossen werden.

Und faire Schokolade hilft natürlich auch. Denn die sorgt mit dafür, dass die Kinder in den Herkunftsländern des Kakaos nicht auf den Feldern arbeiten müssen, sondern in die Schule gehen können.

Übrigens: Nachdem es hier darum ging, wie man das Leben von benachteiligten Kindern etwas heller machen könnte – um etwas Licht in der Finsternis geht es auch auf der folgenden Seite ...

Der heilige Nikolaus wird meist als Bischof dargestellt. Er hat dann die Mitra – die hohe Bischofsmütze – auf dem Kopf und den Krummstab in der Hand. Manchmal hat Nikolaus auch drei goldene Kugeln bei sich. Diese drei goldenen Kugeln soll er, wie die Legende erzählt, nachts heimlich durch das Schlafzimmerfenster von drei Schwestern geworfen haben. Die waren nämlich so arm, dass sie ohne das Geschenk des heiligen Nikolaus ins Elend gestürzt wären.

Häufig hat Nikolaus auch ein Segelschiff bei sich. Er gilt nämlich als Patron der Seefahrer, weil er der Legende nach einmal ein Schiff, das in einen Sturm geraten war, gerettet hat.

Heilige
Lucia

Je näher das Jahresende rückt, desto dunkler wird es. Die Sonne geht jeden Morgen etwas später auf und jeden Nachmittag schon sehr früh unter. Kein Wunder, dass die Menschen sich in dieser Zeit nach warmem Licht sehnen. Natürlich kannst du einfach auf den Schalter drücken und die Lampe anmachen. Aber viel gemütlicher sind ja eigentlich Kerzen. Das wissen besonders die Menschen, die im hohen Norden leben, in Schweden zum Beispiel, denn dort ist es im Dezember fast den ganzen Tag dunkel. Bloß für wenige Stunden am Tag kommt etwas Sonnenlicht an.

Dort in Schweden haben sie einen besonderen Brauch: Mädchen in weißen Gewändern setzen sich einen Kranz aus Kerzen auf den Kopf. In vielen Familien ist das die Aufgabe der ältesten Tochter. Sie schmückt sich am frühen Morgen mit einem solchen Lichterkranz, dann weckt sie ihre Eltern und Geschwister und bringt ihnen das erste Weihnachtsgebäck. Das passiert am 13. Dezember, meinem Gedenktag. Denn auch ich habe einst einen Lichterkranz getragen und den Menschen etwas zu essen gebracht.

Das kam so:

Das war vor sehr langer Zeit, als der Glaube an Jesus im ganzen römischen Reich streng verboten war. Wann immer man eine Christin oder einen Christen geschnappt hat, wurden sie auf Befehl des Kaisers hart bestraft. Darum haben sie sich meistens in Höhlen oder geheimen unterirdischen Gängen versteckt. Und ich habe ihnen manchmal heimlich Essen und Trinken gebracht. Ich konnte mir das leisten, den Leuten was zu schenken, weil mein Vater ein reicher Kaufmann war. Ich habe also so viel Zeug geschleppt, wie ich tragen konnte. Und damit ich beide Hände freihabe und nicht eine Hand brauche, um mit einer Kerze meinen Weg durch die Höhlen und Gänge zu finden, habe ich mir einen Kranz um den Kopf geflochten und ein paar Kerzen draufgesteckt. So wurde es um mich herum hell, und ich konnte alles sehen. Und umgekehrt war es für die Leute in den Höhlen so, dass es auch für sie hell wurde, wenn ich zu ihnen kam.

Und irgendwie ist das ja immer so, dass es heller wird, wenn wir uns für andere Menschen einsetzen. Selbst ohne Kerzen oder Lampen, denn das Licht ist mehr so in einem selbst drin. Man kann es nicht immer sehen, aber fühlen.

Jesus hat von sich gesagt, dass er das Licht der Welt ist. Auch das kann man nicht immer leuchten sehen, jedenfalls nicht von außen. Trotzdem ist es immer da. So wie du mit einer einzigen brennenden Kerze viele andere Kerzen anzünden kannst, kannst du auch das Licht Jesu weitergeben. Da reicht manchmal schon ein Lächeln oder ein freundliches

Wort. Denn in dem Augenblick, in dem du lächelst, fängst du selbst zu leuchten an, als hättest du genau wie ich einen Lichterkranz auf dem Kopf.

Probiere es doch einfach gleich mal aus.

Apropos für andere Menschen da sein ...

Der Lichterkranz der heiligen Lucia ist eines von vielen Symbolen in der Advents- und Vor-weihnachtszeit: Ob bei den Kerzen auf dem Adventskranz, beim Lichterkranz der Lucia oder bei den Lichtern am Weihnachtsbaum – immer geht es darum, dass die Finsternis erhellt wird. Viele Gebete und Lieder sprechen auch davon, dass mit der Geburt Jesu das Licht in die Welt gekommen sei. Gemeint ist damit, dass Gott die Welt erlöst hat, indem er seinen Sohn Jesus Christus gesandt hat.

Heiliger
Stephanus

Wenn du schon viele Geschichten in diesem Buch gelesen hast, ist dir vermutlich eine Sache aufgefallen: Heilig zu werden, kann verdammt gefährlich sein. Lebensgefährlich sogar. Viele Heilige sind eines gewaltsamen Todes gestorben. Oder vielleicht ist es andersherum, vielleicht sind sie gerade deswegen heiliggesprochen worden, weil mit ihnen etwas Schlimmes passiert ist? Weil sie nämlich an Jesus geglaubt haben, obwohl das zu ihrer Zeit in ihrem Land verboten gewesen ist. Ich gelte übrigens als der allererste Christ, dem es so ergangen ist. Ich lebte in Jerusalem und gehörte zu der Gemeinde, die sich dort gerade erst gebildet hatte. Es war nur ganz kurze Zeit vergangen, seit Jesus in den Himmel aufgefahren war und uns den Heiligen Geist gesandt hatte, aber unsere Gemeinde war sehr schnell ziemlich groß geworden. Genau wie heute in der Kirche ging es auch bei uns damals nicht bloß darum, die Geschichten von Jesus weiterzuerzählen und gemeinsam im Gottesdienst das Brot zu brechen. Denn an Jesus zu glauben, heißt vor allem auch, sich um

andere Menschen zu kümmern, besonders um die Armen, Kranken, Schwachen. Das war der Job der Diakone – den Beruf gibt es sogar heute noch. So ein Diakon war ich.

Leider gab es in Jerusalem eine Menge Leute, denen nicht gefiel, was wir taten. Vor allem, weil sie nicht wollten, dass wir von Jesus erzählen. Einmal hab ich mit solchen Leuten eine heftige Diskussion gehabt, und da haben sie mich angezeigt. Sie behaupteten, ich würde über Moses lästern. Das galt bei uns als schweres Verbrechen. Ich musste mich vor Gericht verteidigen. Ich hab erklärt, dass wir uns eigentlich sehr gut an das halten, was Moses und die Propheten immer gesagt haben – eigentlich sogar viel besser, als es diese Richter taten und die Leute, die mich angezeigt hatten. Da wurden die Richter extrem wütend. Sie haben mich aus der Stadt getrieben und mit Steinen erschlagen. So wurde ich der erste Märtyrer.

Das Wort „Märtyrer" heißt „Zeuge". Ein Märtyrer ist also jemand, der von den Dingen berichtet, die er erlebt hat, vor allem von seinem Glauben. In vielen Geschichten wird es so dargestellt, als wären die Märtyrerinnen und Märtyrer ganz cool in den Tod gegangen, weil sie ja wussten, dass Jesus bei ihnen ist. Das stimmt natürlich nicht. Ich hatte riesengroße Angst. Ich bin sicher, dass jeder Mensch in so einer Situation tierische Angst hat. Jesus selbst hatte auch furchtbare Angst, als er verhaftet wurde. Gerade darum ist er uns immer dann besonders nah, wenn wir Angst haben. Das hilft uns, trotzdem zu unserer Überzeugung zu stehen. Heldenhaft sind ja nicht die, die keine Angst haben, sondern die, die sich ihren Ängsten stellen.

Da geht es Gott sei Dank ja meistens nicht gleich um Leben und Tod. Manchmal hast du einfach nur Angst, dass man dich auslacht, wenn du dich zum Beispiel für ein unbeliebtes Kind in deiner Klasse einsetzt. Oder wenn du dazwischengehen willst, wenn jemand geärgert wird. Es gibt im Alltag viele Situationen, wo du etwas tun kannst, was in diesem Augenblick wichtig ist. Statt „wichtig" könnte man auch „heilig" sagen. Wir Heiligen im Himmel sind jedenfalls bei dir und begleiten dich und freuen uns über all deine Ideen, wie du die Welt ein kleines Stückchen besser machen kannst.

Daran, wie der heilige Stephanus gestorben ist, erinnern auch seine „Attribute". „Attribut" nennt man das Symbol, das einem Heiligen fast immer zugeordnet wird, wenn man ihn als Figur oder auf einem Gemälde darstellt. Früher kannten die Menschen diese Attribute ganz genau und wussten immer sofort, wer gemeint war, wenn sie ein solches Attribut sahen. Die Attribute des heiligen Stephanus sind: **ein dickes Buch,** in dem die Evangelien aufgeschrieben sind, die biblischen Erzählungen von Jesus. Das soll daran erinnern, dass Stephanus ermordet wurde, weil er sich zu Jesus und seiner „frohen Botschaft" (das ist die wörtliche Übersetzung von „Evangelium") bekannte. Weil Stephanus mit **Steinen** erschlagen wurde, hat er auch Steine bei sich. Häufig sind es drei Steine. Deshalb muss man ein wenig aufpassen, dass man Stephanus nicht mit dem heiligen Nikolaus verwechselt, der drei goldene Kugeln bei sich hat.

Glossar

ANDREAS KIM TAEGON, geboren am 21. August 1821 in Taegon (Korea), gestorben am 16. September 1846 in Seoul; erster koreanischer Priester, Märtyrer

Gedenktag: 20. September

Patronate: koreanische Geistliche, katholische Kirche in Korea

Namensbedeutungen: Andreas griechisch „der Tapfere"; *Kim* koreanisch und chinesisch „Gold"

Auch noch interessant: Andreas Kim Taegon war nicht der einzige koreanische Märtyrer im 19. Jahrhundert. In Jeoldusan, einem Stadtviertel von Seoul, gibt es seit 1967 ein Heiligtum mit Wallfahrtskirche, Museum und Begegnungsstätte, in dem der koreanischen Märtyrer gedacht wird.

BARBARA, 2./3. Jahrhundert in Nikomedien (heutige Türkei); Märtyrerin

Gedenktag: 4. Dezember

Patronate: Mädchen, Bergleute, Maurer, Architekten, Dachdecker, Gefangene, Sterbende, Festungen und Türme, Feuerwehr; Helferin gegen Pest und Fieber

Attribute: dreifenstriger Turm, Märtyrerpalme

Namensbedeutung: griechisch und lateinisch „die Fremde"

Namensableitungen: Babette, Bärbel, Barbro

Auch noch interessant: Barbara versteckte sich der Legende nach in einem Felsspalt vor ihren Verfolgern. Deshalb sehen bis heute die Bergleute in ihr ihre Patronin. In vielen Bergwerken gibt es darum eine Barbarakapelle.

BERNADETTE SOUBIROUS, geboren am 7. Januar 1844 in Lourdes (Frankreich), gestorben am 16. April 1879 in Nevers (Frankreich); Seherin (hatte in einer Grotte bei Lourdes Visionen von der hl. Maria), Nonne

Gedenktag: 16. April

Patronate: Stadt Lourdes

Attribute: Rosen

Namensbedeutung: Ableitung aus dem Althochdeutschen „stark wie ein Bär"

Auch noch interessant: Der jüdische Dichter Franz Werfel kam 1940 auf der Flucht vor den Nazis nach Lourdes. Dort gelobte er, einen Roman über Bernadette zu schreiben, falls er gerettet würde. So entstand der berühmte Roman „Das Lied von Bernadette".

CHRISTOPHORUS, vermutlich reine Legende; Riese, der ein Kind über den Fluss trug, das sich danach als Christus zu erkennen gab

Gedenktag: 24. Juli

Patronate: Reisende, Fahrer von Autos, Fahrrädern, Motorrädern usw., Fährleute, Flößer, Seeleute, Gärtner, Obstbauern; Helfer gegen plötzlichen Tod, einer der 14 Nothelfer

Attribute: zum Baum erblühter Pilgerstab; Darstellung meist als Riese, der auf der Schulter ein Kind über den Fluss trägt

Namensbedeutung: Ableitung aus dem Griechischen „Christusträger"

Auch noch interessant: Weil Christophorus auch als Patron der Autofahrer gilt, heißen in Deutschland viele der bei Autounfällen eingesetzten Rettungshubschrauber „Christoph".

DREI KÖNIGE, erstes Jahrhundert, in der Bibel ursprünglich als Sterndeuter bezeichnet

Gedenktag: 6. Januar

Patronate: Reisende, Pilger, Spielkartenhersteller, Stadt Köln (dort befinden sich im Dom angeblich die Dreikönigsreliquien)

Attribute: Stern, Gaben, Königskrone

Namen und Gaben: Caspar (persisch „Hüter des Schatzes") mit Myrrhe, Melchior (hebräisch „König des Lichts") mit Gold, Balthasar (Ableitung aus dem Babylonischen und dem Hebräischen „Gott schützt") mit Weihrauch

Auch noch interessant: In vielen Abbildungen wird ein König als junger Mann, einer als Mann im mittleren Lebensalter und einer als alter Mann dargestellt. Außerdem sieht oft ein König eher afrikanisch, einer eher asiatisch und einer eher europäisch aus. Damit sind die drei damals bekannten Erdteile vertreten und es wird signalisiert: Jesus ist für alle in die Welt gekommen – für Junge und Alte, für Menschen aus allen Teilen der Erde.

EDITH STEIN, geboren am 12. Oktober 1891 in Breslau (Schlesien, heute Wroclaw in Polen), gestorben am 9. August 1942 im KZ Auschwitz; jüdische Philosophin, Wissenschaftlerin und – nach ihrem Übertritt zum Christentum – Nonne (Karmeliterin)

Gedenktag: 9. August

Namensbedeutung: altenglisch „vermögende Kämpferin"

Ordensname: Teresia Benedicta a Cruce (Teresia, die vom Kreuz Gesegnete)

Auch noch interessant: Edith Stein veröffentlichte neben ihren Büchern viele Artikel zu philosophischen und sozialen Fragen. Darin kämpfte sie auch dafür, dass Frauen in Kirche und Gesellschaft mehr Rechte erhalten sollten.

ELISABETH VON THÜRINGEN, geboren 1207 in Nordungarn oder in Pressburg (heute Bratislava in der Slowakei), gestorben am 17. November 1231 in Marburg an der Lahn; ungarische Königstochter, verheiratet als Landgräfin von Thüringen

Gedenktag: 19. November

Patronate: Hessen, Thüringen, Caritas-Vereinigungen, Arme und Notleidende, Kranke, Bettler, unschuldig Verfolgte, Bäcker

Attribute: Korb mit Rosen bzw. mit Brot und Rosen, manchmal ein Modell der gotischen Elisabethkirche in Marburg

Namensbedeutung: hebräisch „Gott ist Fülle"

Namensableitungen: Elli, Ella, Lissi, Lisa, Betty, Sissi

Auch noch interessant: Die Heiligsprechung Elisabeths ist rekordverdächtig. Nicht einmal vier Jahre nach ihrem Tod durfte sie bereits offiziell als Heilige verehrt werden.

FRANZ VON ASSISI, geboren 1181 oder 1182 in Assisi (Italien), gestorben 3. Oktober 1226 in Assisi; Ordensgründer

Gedenktag: 4. Oktober

Patronate: Italien, Assisi, Franziskanerorden. Arme, Sozialarbeit, Umweltschutz, Kaufleute, Schneider, Weber, Tuchhändler

Attribute: Tiere (v. a. Vögel), Rosenkranz, Lilien, Buch, Totenschädel

Namensbedeutung: lateinisch „der Freie"

Namensableitungen: Frank, Franziska

Auch noch interessant: Auf Franz von Assisi geht auch die Tradition der Weihnachtskrippe zurück.

GEORG, 3./4. Jahrhundert; römischer Soldat, Märtyrer; der Legende nach Drachentöter

Gedenktag: 23. April

Patronate: England, Georgien, Genua, Georgia (US-Bundesstaat), Bistum Limburg, Kaufleute, Ritter und Ritterorden, Pfadfinder, Soldaten, Sattler, Reiter und Pferde

Attribute: Drache, Schwert, Rüstung

Namensbedeutung: Ableitung aus dem Griechischen „Landwirt"

Namensableitungen: Jürgen, Jörg, Georgina, Georgine

Auch noch interessant: Georg gilt als einer der 14 Nothelfer. Die 14 Nothelfer werden in der Kunst oft zusammen dargestellt. Viele Kirchen und Kapellen sind ihnen geweiht.

HILDEGARD VON BINGEN, geboren um 1098 in Bermersheim, gestorben am 17. September 1179 auf dem Rupertsberg bei Bingen am Rhein; Kirchenlehrerin; Mystikerin und Autorin zahlreicher religiöser, naturwissenschaftlicher und medizinischer Werke, Benediktinernonne, Gründerin und Äbtissin von drei Klöstern

Gedenktag: 17. September

Patronate: Naturwissenschaftler, Sprachforscher

Attribute: Ordensgewand und Äbtissinnenstab, drei Türme

Namensbedeutung: althochdeutsch „Kampf und Schutz"

Namensableitungen: Hilde, Hilke

Auch noch interessant: Hildegard hatte großen Einfluss. Bischöfe, Fürsten und Könige fragten sie um Rat. Sie wagte es sogar, Kaiser Friedrich Barbarossa zu kritisieren.

JOHANNA VON ORLÉANS, geboren um 1412 in Domrémy an der Maas, gestorben am 30. Mai 1431 in Rouen; Bauernmädchen, Kämpferin, Märtyrerin

Gedenktag: 30. Mai

Patronate: Frankreich, Rouen, Orléans, Telegrafie, Rundfunk und Radio

Attribute: Schwert, Rüstung

Namensbedeutung: Ableitung aus dem Hebräischen „Gott ist gnädig"

Namensableitungen: Jane, Jennifer, Jenny, Jessica, Juanita, Jana

Auch noch interessant: Der Legende nach glaubte Johanna, die Stimmen des Erzengels Michael, der heiligen Katharina und der heiligen Margarete zu hören. Weil sie diese „Stimmen" hörte, hat man sie später zur Patronin des Radios gemacht.

JOSEFINE BAKHITA, geboren um 1870 im Sudan, gestorben am 8. Februar 1947 in Schio, Italien; ehemalige Sklavin, Nonne

Gedenktag: 8. Februar

Patronate: Gefangene, Sklavinnen und Sklaven

Namensbedeutung: hebräisch „Gott fügt hinzu"

Namensableitungen: Josefa, Fine, Josie

Auch noch interessant: Als Josefina Bakhita starb, kamen Tausende von Menschen zusammen, um ihr die letzte Ehre zu erweisen und um sie zu trauern.

JUSTUS, 3. Jahrhundert im heutigen Frankreich (Burgund), Märtyrer

Gedenktag: 18. Oktober

Attribute: Märtyrerpalme, Darstellung als zehnjähriger Junge

Namensbedeutung: lateinisch „der Gerechte"

Auch noch interessant: Es gibt noch einen anderen frühchristlichen Märtyrer namens Justus. Dieser Justus war der Überlieferung nach zwölf Jahre alt, als er gemeinsam mit seinem Gefährten Pastor unter dem Kaiser Diokletian im Gebiet des heutigen Spanien ermordet wurde, weil er Christ war.

KARL LWANGA, geboren 1865 in Bulimu (Uganda), gestorben am 3. Juni 1886 in Namugongo (Uganda)

Gedenktag: 3. Juni
Patronate: Jugend Afrikas
Namensbedeutung: althochdeutsch „Mann"
Namensableitungen: Charles, Charlie, Kalle, Carlos
Auch noch interessant: Wahrscheinlich hat Karl Lwanga den europäischen Namen Karl erst später zusätzlich zu seinem traditionellen afrikanischen Namen angenommen.

KATERI TEKAKWITHA, geboren 1656 in Ossernenon (heute Auriesville, USA), gestorben am 17. April 1680 in Sult-St-Louis (im heutigen Kanada)

Gedenktag: 17. April
Patronate: Indianer, Mohawks, Kanada
Namensbedeutung: Kateri (von Katharina), Ableitung aus dem Griechischen „die Reine"
Namensableitungen: Kati, Katja, Jekaterina, Kate, Katinka, Karin
Auch noch interessant: Kateri Tekakwitha hat in ihrem Leben drei unterschiedliche Namen gehabt: Als Kind hieß sie Jorágode („Sonnenschein"), als Waise kam sie zum Stamm ihres Onkels und wurde dort „Tekakwitha" („Die etwas mit den Händen voranschiebt") genannt. Mit der Taufe nahm sie dann den Namen Kateri an.

LUCIA, 3./4. Jahrhundert in Syrakus auf Sizilien, Märtyrerin
Gedenktag: 13. Dezember
Patronate: Blinde, kranke Kinder, Notare, Anwälte, Türhüter, Dienerinnen
Attribute: Lampe, Märtyrerpalme, Schwert, zwei Augen auf einer Schale
Namensbedeutung: lateinisch „die Leuchtende"
Namensableitungen: Lucy
Auch noch interessant: In manchen Gegenden ranken sich rund um den Festtag der heiligen Lucia viele, zum Teil abergläubische Bräuche. Unter anderem gab es den „Luzienstuhl", mit dessen Herstellung am 13. Dezember begonnen wurde. Der Sage nach konnte ein Mädchen, das in der Weihnachtsnacht in der Kirche auf dem „Luzienstuhl" saß, seinen künftigen Bräutigam sehen.

MARIA, 1. Jahrhundert, biblische Gestalt
Gedenktag: 1. Januar
Patronate: gesamte Christenheit, Polen, Bayern, Bistümer Aachen und Speyer
Attribute: Mondsichel, Lilien, Rosen, blau-rotes Gewand, Jesuskind, Leichnam Jesu
Namensbedeutung: Ableitung aus dem hebräischen Namen Mirjam. Die Herkunft von „Mirjam" ist unsicher. Möglicherweise hebräisch „Meerestropfen" oder altägyptisch „Geliebte".
Namensableitungen: Mariele, Merle, Marita, Mira, Marilyn, Mia, Ria, Marion, Maja, Mascha
Auch noch interessant: Als Mutter Jesu wird Maria ganz besonders verehrt. Deshalb gibt es so viele Gedenktage, Patronate und Attribute, dass sie hier nicht alle aufgezählt werden können.

MARIA MAGDALENA, 1. Jahrhundert, biblische Gestalt
Gedenktag: 22. Juli
Patronate: Frauen, reuige Sünderinnen, Gärtner, Friseure, Parfümhersteller, Schüler, Studenten
Attribute: Salbgefäß, Geißel, Totenschädel, zerrissener Schmuck
Namensbedeutung: lateinisch „die aus Magdala (einem Ort am See Genezareth) Stammende"
Namensableitungen: Marlene, Lena, Magda, Alena
Auch noch interessant: Der Legende nach hat Maria Magdalena später weite Reisen –
bis ins heutige Südfrankreich – unternommen, um von Jesus zu erzählen.

MARTIN VON TOURS, geboren um 316 in Sabaria (heute Steinamanger in Ungarn), gestorben am 8. November 397 in Candes bei Tours im heutigen Frankreich; Soldat, Wohltäter, Bischof
Gedenktag: 11. November
Patronate: Stadt Tours, Bistum Mainz, Bistum Rottenburg-Stuttgart, Burgenland, Kanton Schwyz, Arme, Bettler, Gefangene, Soldaten, Reiter, Pferde, Schneider, Gänse
Attribute: Bettler, Schwert, Pferd, Gänse, in Soldatenkleidung oder in Bischofsornat
Namensbedeutung: lateinisch „der dem (Kriegsgott) Mars Geweihte"
Auch noch interessant: Schon im Mittelalter zogen die Kinder am Martinstag singend mit Laternen von Haus zu Haus und bekamen kleine Geschenke. Solche Martinsumzüge gibt es in vielen Gegenden heute noch. Dabei wird die Begegnung Martins mit dem Bettler nachgespielt und die Kinder bekommen süße Martinsbrezen geschenkt. Zum Schluss versammeln sich alle um ein großes Martinsfeuer.

NIKOLAUS, 3./4. Jahrhundert, Bischof von Myra (heute Demre bei Antalya in der Türkei)
Gedenktag: 6. Dezember
Patronate: Russland, Lothringen, Kinder, Ministranten, Seefahrer, Kaufleute, Bäcker, Metzger, Bierbrauer, Gastwirte, Gefangene

Attribute: Bischofsornat mit Mitra und Krummstab, Segelschiff, drei goldene Kugeln
Namensbedeutung: griechisch „Sieger im Volk"
Namensableitungen: Klaus, Nikola, Nicole, Colette, Niels, Nick, Nico, Colin
Auch noch interessant: Für viele Kinder war früher der Nikolaustag der wichtigste Tag im Jahr.
Denn in vielen Gegenden gab es an diesem Tag Geschenke, nicht wie heute zu Weihnachten.

PAULUS, 1. Jahrhundert, biblische Gestalt, Christenverfolger, später Apostel, Missionar, Märtyrer
Gedenktag: 29. Juni
Patronate: Bistum Münster, Presse und Medien, Mission, Theologen und Seelsorger
Attribute: Schwert und Buch
Namensbedeutung: lateinisch „der Kleine"
Namensableitungen: Paul, Pauline, Paula, Pawel, Paolo, Paola
Auch noch interessant: Ursprünglich hieß Paulus Saulus (hebräisch „der Erbetene"). Erst nach
seiner Bekehrung vom Christenverfolger zum Christen wurde er Paulus („der Kleine") genannt.
Noch heute gibt es die Redewendung, dass jemand „vom Saulus zum Paulus" wird.

PETRUS, 1. Jahrhundert, biblische Gestalt, Fischer und Jünger Jesu, Märtyrer
Gedenktag: 29. Juni
Patronate: Päpste, Stadt Osnabrück, Bistum Berlin, Stadt und Kanton Genf, Fischer, Seeleute,
Schiffbrüchige, Maurer, Schreiner, Uhrmacher, Schlosser, Beichtende
Attribute: Schlüssel
Namensbedeutung: griechisch „Fels"
Namensableitungen: Peter, Petra, Pit
Auch noch interessant: Auf vielen Bildern sind Petrus und Paulus zusammen dargestellt. Fast immer
hat Petrus dann einen relativ breiten Kopf und einen rund geschnittenen Bart. Dazu hat er ent-
weder lockiges Haar oder ist bis auf eine Stirnlocke kahl. Paulus dagegen ist sehr schmal und hager.
Er trägt einen spitz zulaufenden Bart und ist ganz kahl.

STEPHANUS, 1. Jahrhundert, biblische Gestalt, Märtyrer
Gedenktag: 26. Dezember
Patronate: Kutscher und Pferde, Vieh, Maurer, Schneider, Weber, Zimmerleute; Helfer für einen
guten Tod
Attribute: Buch mit drei Steinen. Häufig wird auch die Vision des sterbenden
Stephanus gezeigt, der der Apostelgeschichte zufolge „den Himmel offen" und
Jesus zur Rechten Gottes sah.
Namensbedeutung: Ableitung vom griechischen Wort „stephanos" = die Krone, der Siegeskranz

Namensableitungen: Stefanie, Steffi, Fanny, Steve, Steffen

Auch noch interessant: Früher beteten die Bauern am Stephanstag vor allem um gesundes Vieh. Es gab eine „Haferweihe", in der symbolisch das Viehfutter gesegnet wurde. In Ostdeutschland und Polen war es sogar üblich, die Steinigung des Stephanus nachzuahmen, indem man den Priester beim Auszug aus der Kirche mit Hafer bewarf.

THERESE VON LISIEUX, geboren am 2. Januar 1873 in Alençon (Normandie), gestorben am 30. September 1897 in Lisieux, Nonne (Karmeliterin), Mystikerin

Gedenktag: 1. Oktober

Patronate: Frankreich, Lisieux, Karmeliterinnen

Attribute: Ordenstracht der Karmeliterinnen (brauner Habit, weißer Mantel, schwarzer Schleier), Rosen

Namensableitungen: Tessa, Tracy, Resi

Auch noch interessant: Das Buch, in dem Therese ihre Lebensgeschichte erzählt und ihre Gedanken aufgeschrieben hat, heißt „Geschichte einer Seele". In den ersten Ausgaben dieses Buches wurden eine ganze Menge Stellen gestrichen oder verändert, weil Therese darin auch von ihren Unsicherheiten und Glaubenszweifeln berichtet. Diese Stellen passten nicht ins Bild der „perfekten" Heiligen. Erst über ein halbes Jahrhundert nach der Erstausgabe erschien in Frankreich 1956 eine unzensierte, vollständige Ausgabe.

THOMAS MORUS, geboren am 7. Februar 1478 in London, gestorben am 6. Juli 1478; Politiker, englischer Lordkanzler, Schriftsteller

Gedenktag: 6. Juli

Patronate: Politiker und Regierende, „Katholische junge Gemeinde" (KjG)

Attribute: Darstellung in der prachtvollen Kleidung des Lordkanzlers; manchmal auch mit Kelch, Hostie und Papstkreuz, was die Treue zur katholischen Kirche symbolisieren soll

Namensbedeutung: hebräisch „der Zwilling"; nach dem Apostel Thomas, von dem im Neuen Testament erzählt wird

Namensableitungen: Tom

Auch noch interessant: Wenige Tage vor Thomas Morus, am 22. Juni, wurde der englische Bischof John Fisher ebenfalls auf Befehl Heinrichs VIII. hingerichtet. Beide hatten im Widerstand gegen einen gewalttätigen, tyrannischen Herrscher ihr Leben verloren. Sie wurden gemeinsam 1935 heiliggesprochen, also in der Zeit, als in Deutschland die Nazidiktatur herrschte. Möglicherweise sollte diese Heiligsprechung zum Widerstand gegen die Nazis ermutigen.

Ein Kompass für den Glauben

Marie-Christine Vidal und Robin
Der kleine Katholik
160 Seiten I Softcover
ISBN 978-3-451-71568-6

War Adam der erste Mensch? Wer backt die Hostien? Und wo ist das Paradies? Fragen wie diese stellen sich viele Kinder. Gut, dass es jetzt den »Kleinen Katholiken« gibt! Dieser erklärt spielerisch, was es mit Gott, der Bibel und der Kirche auf sich hat. Für ein besonderes Lesevergnügen sorgen auch die lustigen Illustrationen im Comic-Stil. Mit Gebeten und Ideen, wie Kinder ihren Glauben leben können.

In jeder Buchhandlung!

www.herder.de

Spannende Geschichten für den Kinderalltag

Elmar Gruber
Meine Bibel zur Erstkommunion
112 Seiten I Gebunden
ISBN 978-3-451-71601-0

In der Bibel gibt es viele spannende Geschichten. Elmar Gruber greift die wichtigsten Ereignisse auf und gibt sie zeitlich geordnet wieder. Kinder ab 8 Jahren sowie interessierte Erwachsene erhalten so einen umfassenden Überblick über das Geschehen im Alten und Neuen Testament. Die moderne Gestaltung macht diese Bibel zu einem idealen Geschenk und einem treuen Begleiter für viele Jahre.

In jeder Buchhandlung!

www.herder.de